和仁廉夫
Wani Yukio

歴史教科書とナショナリズム

歪曲の系譜

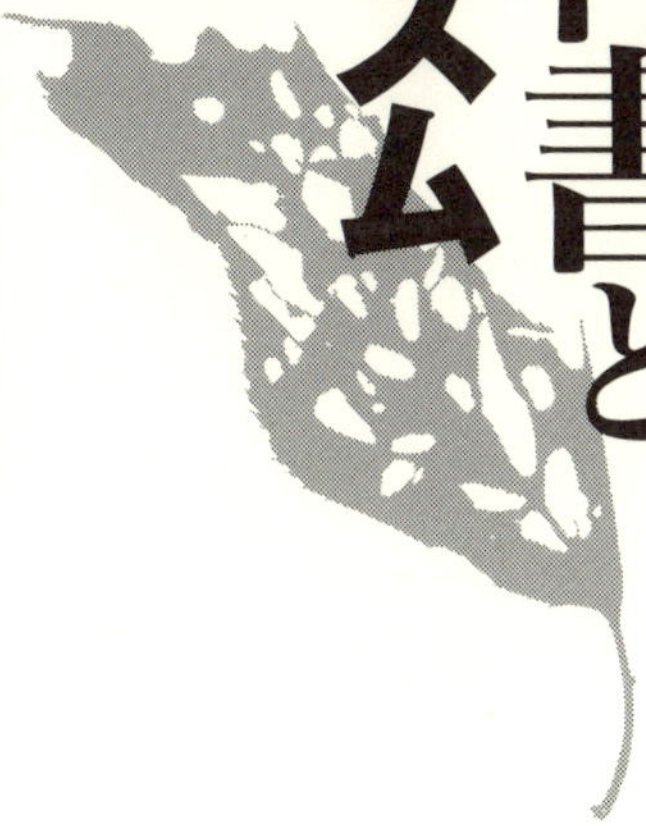

社会評論社

歴史教科書とナショナリズム●目次

プロローグ　天の声はこうして出来た

教科書から慰安婦が消える！

二〇〇〇年七月一日、『北海道新聞』・『神奈川新聞』などの地方紙各紙は、現在文部省で検定されている二〇〇二年四月から使用される予定の中学校用歴史教科書申請本（白表紙本）から、「従軍慰安婦」「南京大虐殺」など日本の侵略戦争に関わる記述が大幅に消えているという共同通信電を伝えた。

報道は、現行七社のすべてに記載のあった「従軍慰安婦」が三社に減り、南京大虐殺の犠牲者数を記載している教科書も六社から一挙に一社に減少。他にも「七三一部隊」「三光作戦」など日本の侵略・加害に関する記述内容が大幅に後退していると報じた。

歴史教科書の検定については、一九八二年にいわゆる「侵略」「進出」の用語書き換えをきっかけとして、日本の植民地支配・侵略戦争をめぐる文部省の恣意的な検定がアジア諸国の憤激を買い、外交問題に発展したことがある。韓国・中国政府などの抗議に、日本政府は「政府の責任で是正する」として事態を収拾した経緯があり、現在の教科用図書検定基準には、「近隣のアジア諸国との間の歴史的事象の扱いに、国際理解と国際協調の見地から必要な配慮がなされていること」という「近隣諸国条項」が加えられた。

このため一九八〇年代後半に入り歴史教科書の記述は格段に改善され、従軍慰安婦はもとより、南京大虐殺・七三一部隊・三光作戦・沖縄戦なども教科書に登場し、その内容も、従来に比べて格段に改善されていた。

ところが、一九九八年六月八日、国会で自由党の永野茂門議員（元法相）が「現行教科書は偏向している」と政府を追及したとき、町村信孝文相は、「現行の歴史教科書は全体のバランスが欠けている点がある。とくに明治以降の日本の歴史に否定的な面をあまりにも書き連ねている。その辺りを今後の教科書の検定、あるいはそのもう一つ前の執筆の段階から各編集者に、もう少しいいバランスが保てないだろうか。そして採択の段階でもう少し改善すべき余地はないだろうか、そんなことを今教科書検定に関する審議会でご議論いただいている」（参議院行財政改革・税制特別委員会議事録＝引用者が発言の趣旨を損なわないように接続）と答弁している。

このやり取りを受け、文部省は九九年一月に教育出版と東京書籍の経営者を呼び、「近現代史の記述内容をもう少しバランスのよいものにしてほしい」「著者構成も考えて欲しい」という二つの要望を言い渡した。いまの教科書検定制度で、文部省の意向に逆らうことは教科書業からの撤退を意味する。各社ともこれは命令と受け止めた。まもなくして、教育出版・東京書籍・帝国書院の三社は、自社の歴史教科書から「従軍」や「強制」を削除する方針を決めたのである。

教科書問題に取り組む市民グループ、子どもと教科書全国ネット21の俵義文事務局長が独自に追跡したところ、俵氏が入手した数社の第三次原稿やゲラには、まだ慰安婦や南京大虐殺の記述が残っていたという。ところが九九年暮れになり、首相官邸筋から各教科書会社の社長に新たな圧力がかかった。官邸筋から電話がかかってくることさえ異例のことだが、電話の主は「従軍慰安婦の記述は慎重におこなって欲しい」と要請してきたという。これが当時の小渕首相自身による「ブッチ・ホン」だったのかどうかは、本人が鬼界に逝ってしまったので真相は闇の中だ。この話を俵氏は教科書会社労使の団体交渉の場で経営側から出た発言として確認したというが、のちに新聞各社が教科書会社に照会した時には、各社とも前言を翻してこれを否定した。なんらかの箝口令がしかれたのかもしれない。

ちなみに、首相官邸筋の「慎重に」という表現は、事実上「書くな」と言うことだ。こうして二〇〇〇年四月に文部省に提出された各社の中学用歴史教科書申請本には、大部分の教科書から、従軍慰安婦・南京大虐殺・七三一部隊などの記述がなくなっていた。

のちに俵氏はある教科書会社の重役に、「どうして記述を削除したのですか?」と訊ねたところ、答えに窮したくだんの重役は、しばらく沈黙したあとで、「天の声だ!」と呟いたという。

政界・財界・言論界をまきこんだ教科書づくり

こうしたなか、「自由主義史観」を標榜し、国家主義・民族主義の立場で「新しい歴史教科書をつくる会」（以下「つくる会」と表記）会員が執筆した扶桑社版の中学用歴史・公民教科書が、教科書検定に申請されている。その申請本（白表紙本）の内容の問題性については第一章で詳述するが、政府自民党は、この教科書を検定に合格させる方針で文部省にさまざまな働きかけを行っているという。

外交問題にもなった一九八二年の教科書問題以降、歴史教科書の記述が格段に改善されたことは先にも述べた。この経験に挫折感を味わった自民党では、一九九三年に「歴史・検討委員会」を設置し、同年十月から九五年二月までに一九人の講師を招いて通算二十回の勉強会を開き、過去の戦争を「大東亜戦争」として正当化する理論武装を急いだ。とくに注目すべきは、これらの議員の若返りである。九七年二月に「日本の前途と歴史教育を考える若手議員の会」というグループが旗揚げしたが、そこに集った議員は、歴史問題で妄言を繰り返して過去に名前があがってきた旧世代の議員ではなかった。新しい世代の右派議員集団が誕生している。

藤岡信勝東大教授が『社会科教育』誌（明治図書）に「近現代史の授業改革」の連載を始めたのが一九九四年四月、翌年一月には「自由主義史観」研究会が結成され、日本の植民地支配や戦争犯罪を直視した戦後歴史学の成果に、「暗黒史観」「自虐史観」のレッテルが貼りつけられた。そして日本の近現代史は、ナショナリズムに立脚し、「日本人に生まれた誇りをもてるものにしなければならない」とした。一九九七年には、西尾幹二電気通信大教授や漫画家の小林よしのり氏と共に、中学校用の歴史・公民教科書づくりをめざす「新しい歴史教科書をつくる会」（以下「つくる会」）が立ち上げられ、数多くの「自由主義史観」研究会の会員たちを参加させた。この「つくる会」の賛同人には、数多くの著名企業の社長・会長など財界人が名を連ねているほか、大学教授・タレントなども多く、先述した自民党などの右派議員グループとも密接に連携している。ほかにも、日本を守る国民会議の後身である日本会議や、日本青年協議会、日本教育研究所などの右翼国家主義者、民族派人脈からも参加があり、「つくる会」は急速に勢力を拡大していった。九九年十月には全都道府県四十八支部（東京のみ二支部）の組織化を完成させ、同年十二月には、会員数が一万人の大台を突破したと発表している。

白表紙本を使ったなりふり構わぬ売り込み攻勢

「つくる会」は自分たちがつくる教科書の採択を有利にするため、教科書の採択に影響力を持つ教育委員や、採択制度を左右する地方議会への対策に力を入れており、「つくる会」教科書のパイロット版と位置づけている西尾幹二著『国民の歴史』（扶桑社）や、西尾・藤岡共著の『国民の油断』（PHP文庫）を大量に組織買いして、全国の地方議員や教育委員らにばらまいた。こうした動きは他の教科書を排除し、つくる会の教科書を採択しやすくする環境づくりでもある。

「つくる会」は二〇〇〇年四月に文部省（現文部科学省）に『中学歴史』『中学公民』の二冊を検定申請したが、その直後の四月十五日には『中学歴史』の著者でもある西尾幹二教授自身がテレビ東京『加藤寛のケンケンガクガク』に出演。検定中の白表紙本をテレビカメラに大映しして見せ、その特徴をくわしく解説してみせた。

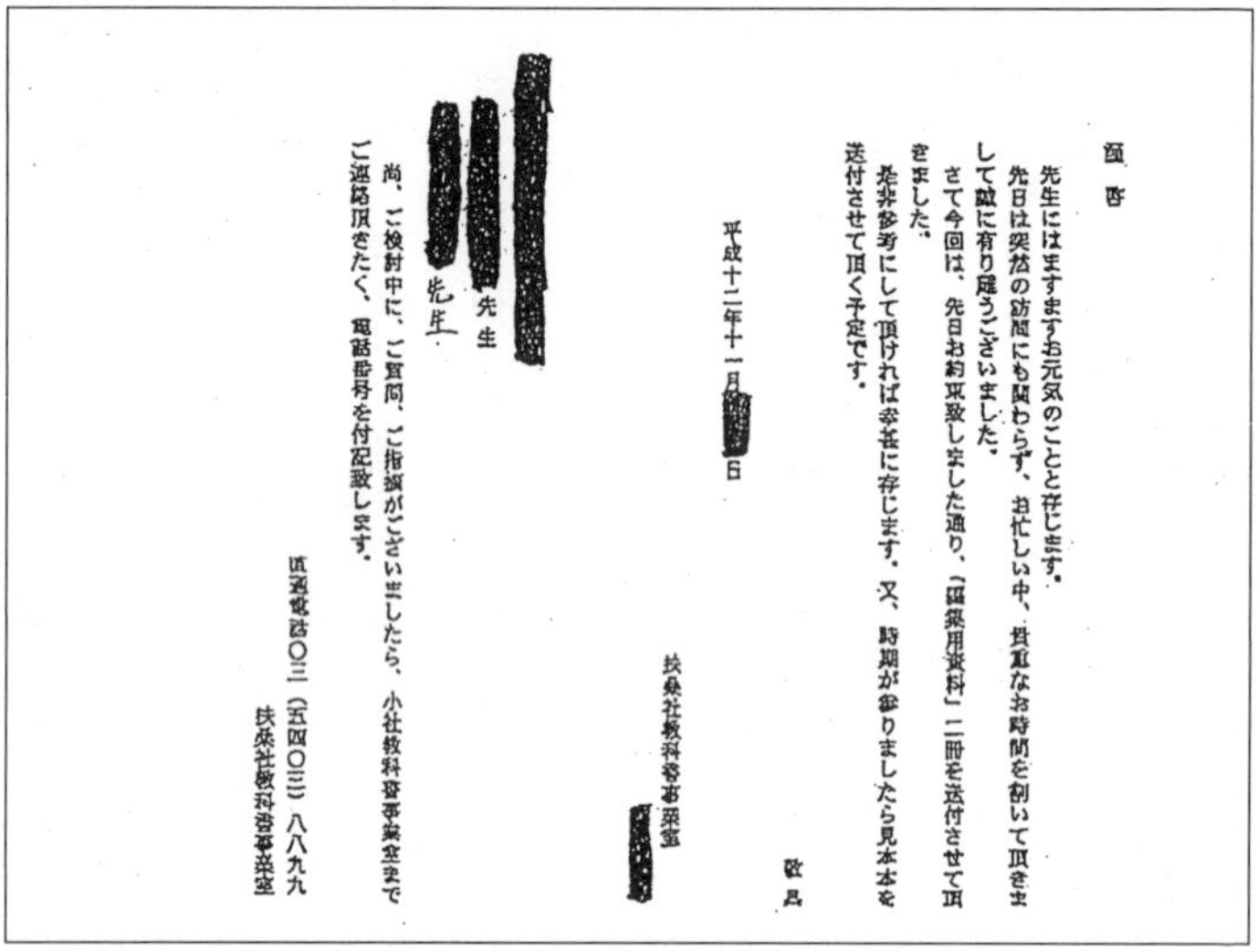

拝啓

先生にはますますお元気のことと存じます。

先日は突然の訪問にも関わらず、お忙しい中、貴重なお時間を割いて頂きまして誠に有り難うございました。

さて今回は、先日お約束致しました通り、「採択用資料」二冊を送付させて頂きました。

是非参考にして頂ければ幸甚に存じます。又、時期が参りましたら見本本を送付させて頂く予定です。

敬具

平成十二年十一月[redacted]日

扶桑社教科書事業室
[redacted]

[redacted]

[redacted]先生

[redacted]先生

尚、ご検討中に、ご質問、ご指摘がございましたら、小社教科書事業室までご連絡頂きたく、電話番号を付記致します。

直通電話〇三（五四〇三）八八九九
扶桑社教科書事業室

▲…扶桑社が現場教師に白表紙本を配付していた証拠文書

「つくる会」も検定申請直後に白表紙本の内容を紹介した『歴史への招待』というパンフレットを作成し、学校現場に配付した。「つくる会」の機関紙『史《ふみ》』にも、二〇〇〇年五月増刊号『これが新しい教科書だ』で白表紙本を写真入りで詳しく紹介している。この臨時増刊号の一部は、同年九月に「つくる会」副会長の高橋史朗明星大教授責任編集の新刊として単行本化され、『新しい歴史教科書誕生!!』（PHP刊）として書店でも売られているが、ここにも白表紙本の一部が図版で紹介されている。

きわめつけは版元の扶桑社自身が現場の教師に白表紙本を配付していた事実が明るみに出たことだ。二〇〇〇年十一月に扶桑社教科書事業室が現場の中学教師に向けて発送した白表紙本に添えられていた挨拶状の文面には『編集用資料』と表現されている。これは業界用語では白表紙本のことで、昨年夏以来、「つくる会」の教科書づくりを憂慮している教師や市民グループに流出していた白表紙本コピーの流出元をたどれば、震源地は版元の扶桑社自身であったということになる。子どもと教科書全国ネット21の俵義文事務局長は、「私の知る限り、コピーは少なくとも三種類ある」と語っている。著者側が自分たちで白表紙本を公開して自慢し、教師たちに配付しておきながら、白表紙本の内容を批判する側に対して「何らかの不正があった!」などと主張するのは、茶番としかいいようがない。

野田英二郎委員をひきずりおろす

二〇〇〇年十月には教科用図書検定審議会委員の野田英二郎氏（前駐インド大使）が配置換えになるという事件もあった。野田氏は外務省出身で、「扶桑社（つくる会）の教科書は問題が多く、国際的孤立を招くので、合格させるべきではない」という意見を電話や文書で各委員に働きかけ、「つくる会」や『産経新聞』の怒りをかった。

まもなく『産経新聞』紙上での大キャンペーンが始まった。「『近隣条項』内政干渉正当化の恐れ」「元外交官が歴史教科書検定『根回し』公民委員にも働きかけ」「教科書検定不合格工作問題、外務省課長が関与」「元外交官の不合格要請文書『外務省見解』と似る」「教科書検定介入、外務省は事実を明らかに」などなど連日の記事の洪水のなかで、自民党が文部省に野田氏の解任を求めてきた。だが、これだけでは野田氏を解任する理由にならない。間にはさまれた文部省は苦慮した末、野田氏を教科書の価格を決める分科会に配置替えすることで事態を収拾したのである。

野田委員が危惧していた外交問題は、検定結果の発表をまじかに控えた現在、はるかに現実味を帯びてきている。昨夏以来、今回の教科書問題を日本国内よりはるかに熱心に報道し、政府を突き上げてきたのは韓国のメディアだ。その韓国では、マスコミ・世論・野党のそれぞれが、日本に対して穏和な態度をとる金大中政権にもっと日本に対して毅然とした態度をとるよう突き上げている。

二〇〇一年二月二十二日、中国政府は日中友好を阻害する「つくる会」の教科書を検定合格させないように日本政府に公式に求めてきた（二月二十三日『産経新聞』朝刊）。このほか、民族教育を重視し、小学校教科書で日本軍政時代を八〇ページも教えるという歴史教科書の大改訂をおこなったばかりのシンガポールも黙ってはいまい。リー・クァン・ユー前首相は、さきに公の場で日本軍国主義復活への懸念を表明している。

ただ、「つくる会」教科書が検定合格して外交問題になった場合、いまの自民党に事態収拾能力があるかどうか。冷戦の時代の、まがりなりにも政権担当能力を持っていた時代の自民党と、伝統的保守主義に回帰し、国家主義的な右派勢力だけに顔を向けている今の自民党とではだいぶ体質が変わってしまった。中国・韓国をはじめとするアジアの人々は、拳をふりあげてみたものの、その落としどころがなくて困ってしまうのではないだろうか。

懸念は八二年教科書問題の時よりもはるかに深刻なのである。

1——「つくる会」教科書を読む

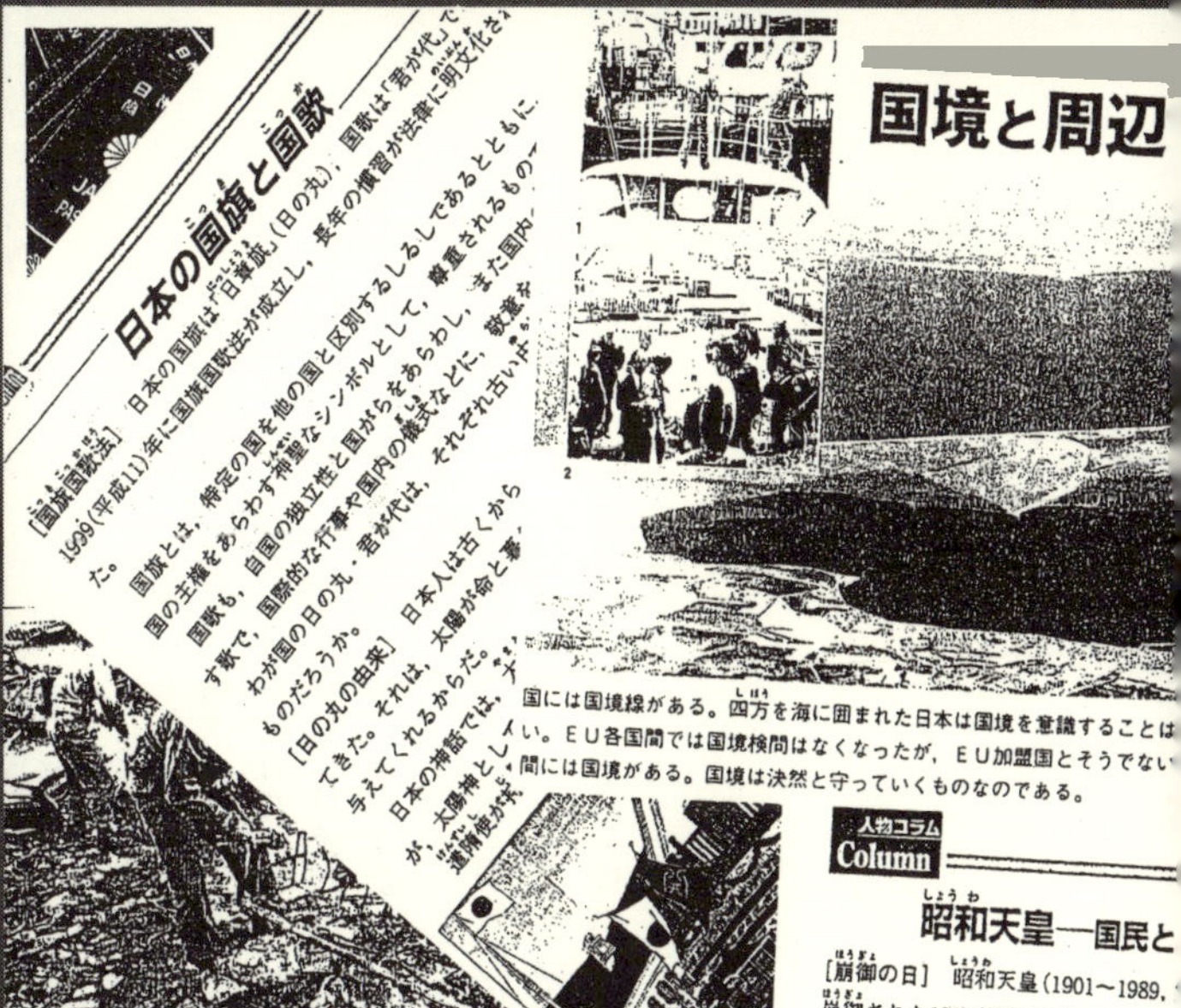
日本の国旗と国歌

[国旗国歌法] 1999（平成11）年に国旗国歌法が成立し，日本の国旗は「日章旗」（日の丸），国歌は「君が代」で……長年の慣習が法律に明文化さ……た。

国旗とは，特定の国を他の国と区別するしるしであるとともに，国の主権をあらわす神聖なシンボルとして，尊重されるもの……国歌も，自国の独立性と国がらをあらわし，また国内……す歌で，国際的な行事や国内の儀式などに，敬意を……わが国の日の丸・君が代は，それぞれ古い……ものだろうか。

[日の丸の由来] 日本人は古くから……てきた。それは，太陽が命と……与えてくれるからだ。……日本の神話では，……が，太陽神とし……

国境と周辺

国には国境線がある。四方《しほう》を海に囲まれた日本は国境を意識することは……い。ＥＵ各国間では国境検問はなくなったが，ＥＵ加盟国とそうでない……間には国境がある。国境は決然と守っていくものなのである。

人物コラム Column

昭和《しょうわ》天皇——国民と……

[崩御《ほうぎょ》の日] 昭和《しょうわ》天皇（1901～1989，……崩御《ほうぎょ》された1989（昭和64）年1月7日……を聞いて，多数の国民が皇居《こうきょ》前に集……島で被爆《ひばく》して東京に住む68歳のある……「ずうっとね，昭和天皇と一緒に苦労……という気持ちがあるんですよ」と語った……人をはじめ，皇居前では，さらに全国……若者，老人，主婦，サラリーマンなど……な人々が，昭和天皇の時代のもつ意味……

[お人がら] 昭和天皇は，1901（明治34……の大正《たいしょう》天皇）の第一子として誕生し，……きわめて真面目《まじめ》で誠実《せいじつ》な人がらであった……11月，九州の鹿児島から軍艦《ぐんかん》に乗って……て暗くなった海に向かって一人挙手《きょしゅ》の……が見つけ不思議に思った。そこで海の方……海岸に，天皇の軍艦をお見送りするため……かがり火の列が見えた。天皇はそれに向……お付きの者は感銘《かんめい》し，さっそく，軍艦か……を照らし出した。

[昭和天皇とその時代] 昭和天皇が即位……機を迎えようとしていた。天皇は各国と……時代はそれと異なる方向に進んでいった。……て，政府や軍の指導者が決定し……

阪神・淡路大震災と自衛隊

戦後，平和と水はただで手に入ると思っていた日本人にとって，阪神・淡路大震災《はんしんあわじだいしんさい》における6000人をこえる死者は想像を絶《ぜっ》する数字だった。そんな中，懸命《けんめい》の救助作業にあたり，多くの被災者の力になったのは，まぎれもなく自衛隊員だった。

1 整然《せいぜん》と行われた自衛隊の救助作業 2 スイスからきた救助犬とボランティア 3 給水を受ける市民 4 緊急車両も渋滞に巻き込まれる 5 第一部の連絡が遅れた首相官邸

▲…「つくる会」の教科書は何をねらっているのか？

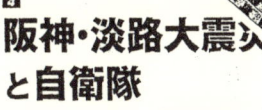

今回、文部省（文部科学省）に検定申請された「つくる会」教科書の検定申請本には、『中学歴史』『中学公民』とも他社の教科書に数倍する検定意見がついたという。教科書検定に合格するためには検定意見には絶対に従わなければならない。このため、出来上がってくる「つくる会」教科書は、本章で批判したものとはいくぶん異なった記述内容になってくる可能性がある。

ただし、かりに技術的に解決できる箇所にいくばくかの修正が加えられたとしても、「つくる会」教科書に色濃いアジア蔑視、侵略戦争の美化・正当化などの根本的立場が変わるわけではない。本章では独善的に「国柄」を強調する「つくる会」教科書の歴史・社会認識の誤りを明らかにする。

「つくる会」の『中学歴史』申請本を読む

「歴史は科学ではない」と断言した「つくる会編」の教科書

問題の教科書『中学歴史』は、A5判で本文三三六ページ。これに口絵一五ページ、年表八ページ、地図三葉（六ページ相当）が加わるから、全部で三六五ページに相当する。二〇〇二年四月から中学校で使用される地歴科の歴史教科書として準備されているもので、編集・発売を扶桑社が担当し、産経新聞社からの発行が予定されている。

「新しい歴史教科書をつくる会」（以下「つくる会」と略す）の機関紙『史』によれば、この『中学歴史』の執筆陣には、高森明勅国学院大学講師、坂本多加雄学習院大学教授を中心に、伊藤隆政策研究大学院教授、漫画家の小林よしのり氏が参画。これを藤岡信勝東京大学教授と西尾幹二電気通信大学教授で全体を統括したとされる。これらの顔ぶれは、いずれも「つくる会」の会長・理事などの要職にあり、事実上、「つくる会」編の教科書といってよい。

「つくる会」教科書申請本の前書きには「歴史を学ぶとは」という文章がある。そこには

「歴史を学ぶとは、今の時代の基準からみて、過去の不正や不公平を裁いたり、告発することと同じではない」との主張が書かれている。そして、「過去の事実を正確に知ることは可能ではない」として、「歴史を学ぶのは、過去の事実について、過去の人がどう考えていたかを学ぶことなのである」と独自の定義を展開して見せた。

これならば、過去の人が考えていたことであれば、神話でも伝説でも「歴史にウソを書いてもいい」と主張しているのと同じことになり、歴史とフィクションとの区別が曖昧になってしまう。だからこそ原始・古代から神話が登場し、戦争の叙述では、ひたすら「日本は」「日本軍は」と日本国家・日本軍の立場ばかりが強調されるのである。そして「歴史は科学ではない」と、自ら非科学の立場に立つことを明らかにし、「歴史に善悪をあてはめ、現在の道徳で裁く裁判の場にすることもやめよう」と子どもたちを挑発しているのである。

[原始]——疑惑の前期旧石器を絶賛し、日本独自の文化を強調

この「つくる会」の歴史教科書では、日本列島がユーラシア大陸や朝鮮半島とまだ分かちがたい旧石器文化の段階から、「日本」が他の諸地域の歴史や文明に比較して、独自かつ優位に発展してきたように印象づけようとするさまざまなレトリックが見られる。

たとえば旧石器文化では、最近藤村新一氏による前期旧石器捏造が発覚した高森遺跡と上高森遺跡が紹介され、「宮城県築館町の高森遺跡から出土した45点の石器が、約50万年前のものであることが分かった。その後、同町の上高森遺跡から、火に焼かれた跡を持つ石器や、明

ジャワ原人とよばれている。

原人の段階に属する人類は日本列島には存在しなかったと長い間，信じられていた。ところが1993（平成５）年，宮城県築館《つきだて》町の高森遺跡《たかもりいせき》から出土《しゅつど》した45点の石器が，約50万年前のものであることが分かった。その後《ご》，同町の上高森《かみたかもり》遺跡から，火に焼かれた跡《あと》をもつ石器や，明らかに人の手で円形に並べられたとみられる石器が見つかり，約60万年前のものと判定された。原人がこの日本列島にも生存していたことは，これで確実となった。

❶並べて埋められていた石器（宮城県上高森遺跡出土）

▲…上高森遺跡を絶賛した「つくる会」の申請本

らかに人の手で円形に並べられたと見られる石器が見つかり、約60万年前のものと判定された。原人が日本列島〔原文のママ〕にも生存していたことは、これで確実となった」と叙述し、上高森遺跡の石器埋納遺構の写真を掲げて、「並べて埋められた石器」というキャプションを添えた。

「つくる会」の機関紙から、古代・中世の執筆者は高森明勅氏と判明しているが、西尾幹二氏が全体に手を入れて完成させたとされる。『中学歴史』のパイロット版とも位置づけられた、その西尾幹二氏の著作『国民の歴史』（扶桑社）では、「〔上高森遺跡の〕年代はジャワ原人や北京原人と同じ『原人』に比定されるのである。しかも数値のうえでそれよりもさらに古い人類の遺跡と考えられるのである」と、手放しの絶賛のしようだ。

つづく縄文時代も、いっぱんに使用されて

いる「縄文文化」の語を用いず、歴史用語としては成り立たない「縄文文明」の語を見出しからあてた。そして「四大文明に先がけて1万年以上の長期にわたって続いた、『森林と岩清水の文明』」と称賛し、中国の黄河文明などの四大文明より上位に位置づけるという荒唐無稽な位置づけをしている。

だが、この叙述は贔屓の引き倒しに終わる可能性が高い。なぜなら、「つくる会」教科書が絶賛する「縄文文明」を担った縄文人は、無条件に現代日本人の祖先と理解するには、あまりにも不利な事実が多くなってきているからだ。戦後の形質人類学において定説化した清野謙次博士の原日本人説は、決して「縄文人＝日本人」であることを意味するものではない。

学史を紐解けばわかることだが、戦前の縄文文化研究は、「文学部国史学科」で行われたのではなく、「理学部人類学教室」で行われてきた。日本人を天皇家との血縁幻想で説明する皇国史観が、日本史からながく縄文人を遠ざけてきたともいえる。弥生人はともかく、縄文人は先住民族と見なされる政治的要請があったのである。明治以来の人類学者などの間で論争されてきたアイノ説・プレアイノ説・コロボックル説などの日本人種論争は、いずれも先住民族説が前提になっている。

この点、清野博士の原日本人説は、縄文人を現代日本人の祖型と認め、「縄文人＝先住民族」という見方を払拭した点に、積極的な意味があった。敗戦後、天皇との血縁幻想の軛から解き放たれた自由な学風のなかで、原日本人説は多くの学者に受け入れられた。ただし、注意すべきことは、清野博士は縄文人を「日本人」と説明したのではなく、あくまでも「原日本人」だと説明したということだ。原日本人説は、古代史の発展のなかで、稲作文化や、須恵器、漢字、仏教、儒教などをもたらした渡来系の人々との混血を前提にした考え方であることにとくに注意を喚起したい。

また、近年の生物学、とりわけ遺伝子研究のめざましい発展により、DNAの解読が進み、「先祖—子孫」の関係はより科学的に解明できるようになった。国立総合研究大学院大学の宝来聰博士の研究によれば、現在の本州日本人のミトコンドリアDNAの配列は、日本人固有のタイプはわずか四・八パーセントに過ぎず、韓国人に多いタイプ（二四・二パーセント）、中国人に多いタイプ（二五・八パーセント）、アイヌ民族に多いタイプ（八・一パーセント）、沖縄の人々に多いタイプ（一六・一パーセント）、以上の五集団に属しないタイプ（二一パーセント）と分散し、日本人が多様な集団に起源することを明らかにしている。また、この鑑定結果によれば、現代本州日本人のDNA配列は、東アジアの他の諸民族と比較しても、日本人固有のタイプが極めて少ないという結果が出ている（註）。

「つくる会」の教科書が「縄文文明」と絶賛している縄文人は、現代日本人よりもむしろアイヌとの共通性が強いという見方もある。無理して「縄文文明」などと絶賛してみても、日本の独自性や日本文化の優位性を説明することにはならない。

このほかに「日本語の起源と神話の発生」というコラムも設けられ、「日本語は中国から文字を借りてはいるが……大陸のどこにも日本語の祖語は発見されていない」と説明している。

國際要聞

民族主義高張 無視科學論斷

日人拒認漢人是祖宗

日本人拒絕承認根在中國

談論族裔視禁忌

▲…「日本人の起源をめぐる放送が、反発を招いた」と伝える香港紙

さらに律令国家の説明に続く項目としても、再び「日本語の確立」が本文に登場し、万葉仮名の考案・訓読みの発明などが懇切丁寧に説明されている。著者の日本語に対するこだわりは、過去の中学・高校の歴史教科書にはみられないものがある。

だが、これらの説明では日本語に最も近いとされる韓国（朝鮮）語との関係を意図的に無視しており、日本語が早くから周辺言語と切り離された独自の言語であるかのような見解を展開している。多くの文物を学んだ中国・朝鮮半島の人々との関係性をなるべく小さく扱うことで、日本の独自性を際だたせて高く評価するという作為は、「つくる会」教科書の一大特色といってよい。

（註）宝来聰博士の研究データーは、『NHKスペシャル遺伝子4――日本人のルーツをさぐる

――』のVTR版からとった。この番組は九九年春のゴールデン・ウィークにNHK総合テレビで放送された。ところが番組でこのデーターが放送された直後から、NHKには「放送してはいけない内容だ」「まずいデーターが出た」などと、抗議電話が二〇〇件も殺到したという。この事件をAP通信が世界中に配信したが、国内メディアでこの事件報道したところは、筆者の知る限りまったくない。筆者も香港紙の報道（一九九九年八月二十八日『蘋果日報』『明報』）で知ったが、この話を聞いたカナダ人通訳が「カナダの新聞で読んだ」と伝えてきたことから見て、海外では広く報道されていたと見られる。

［古代］――神話を頻繁に登場させ、為政者の視線で歴史を見る

飛鳥文化はまぎれもなく外来の仏教文化であるが、「日本人の美意識に合った建築や美術品」「中国では見られない独特の配置」などと叙述され、あたかも「日本人」が独力で発展させたかのように叙述されている。

奈良時代の天平文化は「世界に誇りうる高い精神性」と定義し、『万葉集』では、他の教科書でよく扱われる「貧窮問答歌」や「防人歌」を押しのけ、舒明天皇の「国見の歌」が採用された。ここには、「日本の美しさや国づくりの行われているようすが目に浮かぶ」という説明も付けられている。「つくる会」の教科書が、どのような階層の、どのような立場の人々の目線から歴史をみようとしているかこれを見ても明らかだ。

また、遣隋使の叙述では、隋の煬帝宛ての「国書」を聖徳太子のものとする前提で歴史叙述している。『隋書』の記録から、推古朝が小野妹子を派遣し、隋との対等外交をめざしたことは確認できるが、その国書が聖徳太子起草とは断定できないのではないか。

そもそも蘇我馬子・聖徳太子の連立政権は渡来系氏族の実力を背景にしている。また、一部の学者からは聖徳太子の実在を「疑わしい」と疑問視する見方すら出ている。聖徳太子は平安時代に「太子信仰」の対象となり、過去にも意図的に偶像化された経緯がある。「つくる会」の教科書では、聖徳太子の外交態度を「中国から謙虚に文明を学びはするが、決して服属はしない。――これが、その後もずっと変わらない、古代日本の基本姿勢となった」と絶賛している。

神話も頻繁に登場する。先に紹介した「日本語の起源と神話の発生」のコラムのほか、「日本武尊と弟橘媛」もコラムで登場。「古墳の広まりと大和朝廷」の説明では、「進む国内統一」に続いて、伝承と一応ことわりつつも、「神武天皇の東征」が本文で項目だてされる。このように史実と神話が交互に登場する叙述方法はその後も続き、律令国家に続く「日本語の確立」の後ろにも「日本の神話」が再び本文で登場する。ここでは「天照大神とスサノオの命」「ニニギの命から神武天皇へ」などが物語的に挿入されている。教室で学ぶ子どもたちは、どこからが史実で、どこまでが神話・伝承なのか混乱しそうだ。なお、「日本武尊と弟橘媛」のコラムでは東征地図も登場するが、この地図の出典は、なんと戦前の『国定修身教科書』からの転載だった。

本書は地方やアジアの人々にも冷たい。天皇中心、畿内中心の視点から歴史を見ているためか、九州南部や東北地方は「辺境」と差別的なことばで記されている。それだけではない。坂上田村麻呂は蝦夷の「反乱」を治めたと、執筆者のスタンスはあくまでも都の朝廷の側にある。坂上田村麻呂の出自が渡来系氏族であることは、古代史を多少なりとも勉強した者なら当然知っていることだ。蝦夷の「反乱」鎮定も、じつは「夷をもって夷を制する」手段であったことに、どれだけの人が気付いているだろうか。

［中世］――元寇と倭寇の対照的な扱われ方

鎌倉時代の元寇と、南北朝・戦国時代の倭寇の扱いも、「つくる会」の立場が良く出ている部分だ。たとえば元寇では、蒙古の二回目の国書に対し、「朝廷と幕府は一致してこれをはねつけた」「朝廷と幕府が協力して対処し」などと朝幕の協力関係だけが一面的に強調されている。しかしその実態を知る人なら、元の服属勧告に朝廷が狼狽し、いったんは本気で受け入れを検討したことや、その後も伊勢神宮への神頼みに終始していることは知っているだろう。また、非御家人の軍事動員許可などの面で朝廷が幕府に協力したともいえるが、これとて朝廷・公家が持つ公領・荘園に対する幕府、とりわけ北条氏の勢力拡大という側面がつよい。朝廷が元の来襲に際して、主体的に対応したとは、到底言えないのが実態である。

南北朝時代の前期倭寇については、「日本人のほかに朝鮮人も多く含まれていた」と、あたかも朝鮮人が主力であったかのような説明がなされる。また、戦国時代の後期倭寇については「構成員の多くが中国人だった」と、まるで日本人には無関係であったかのような叙述をしている。

たしかに後期倭寇に中国人が数多く存在していたのは事実だ。だが王直に代表される中国人たちが、なぜ日本の肥前国平戸地方を拠点にしていたのか? 倭寇の実態が、日本の九州地方を拠点にした多民族の集団であり、その意味するところは、国家間の公貿易が成り立ちにくかった戦乱の時代に、生活に困窮した民衆が、海賊・略奪行為から密貿易にいたるさまざまな活動を行っていたことを知る必要がある。

倭寇の背景や原因に触れることなく、その言葉がもつネガティブなイメージだけを朝鮮人や中国人に転嫁しているのは納得できない。

[近世]——思想家の扱いに「つくる会」の好みが出る

「平和で安定した社会」というタイトルも付けられた江戸時代は、いっぽうで貨幣経済の発展や商業や流通の発達を説明しつつも、これに蚕食されて、自給自足的な農業が立ち行かなくなった農村への視点が乏しい。

このため、三百年近くの長きに及んだ幕藩体制が、平穏で何事もなく推移していったかのような、平板な歴史叙述になっている。なぜ幕藩体制が動揺し、やがて崩壊にいたるのか、この教科書では外圧ばかりが語られ、国内の社会矛盾の拡大が見えてこない。

いっぽう、人物に関する叙述は中学教科書のレベルを超えて大変充実しているものの、その人物の取捨選択や叙述量には、「つくる会」流の「期待される人間像」がよくあらわれている。すなわち、破格の待遇で紹介されているのは、コラム「勤勉や倹約の精神」で登場する石門心学の指導者石田梅岩と、幕末の農政家二宮尊徳だ。とくに二宮尊徳については、日露戦後の地方改良運動のおりにさかんに造られた背中に薪を背負って読書に励む少年時代の二宮金次郎の銅像写真を掲載し、「尊徳の勤勉と不屈の精神を手本とするために、以前はほとんどの小学校にこの像があった」と格段の扱い。また、「葉隠と赤穂義士」というコラムもあり、山本常朝の「武士道とは死ぬことと見つけたり」という言葉を引用して、死を美化する武士道精神を日本の伝統文化として強調している。

国学者や尊皇家については、高校の歴史教科書ではないかと見間違えるまでに詳しい。たとえば本居宣長は、本筋となるべき他の業績をさしおいて、「特に皇室の系統が絶えることなく続いていること（万世一系）が、日本が万国にすぐれているゆえん」という説明だけを抽出した。また、後期水戸学の思想家である会沢正志斎についても、「日本人が精神的に結束して外国に当たることを解いて人々に深い感化を与えた」と紹介した。

このほか、本多利明や佐藤信淵も紹介されているが、二人を一括してくくり海外交易論で紹介されているため、佐藤信淵の名をわざわざあげているにもかかわらず、佐藤の著作『宇内混同秘策』『農政本論』にある弱肉強食的な海外侵略論は触れられていない。

［近代］——戦前の『修身』ばりの軍国美談が復活

明治維新では「五箇条の（ご）誓文」を高く評価する一方、ほぼ同時期に発せられ、キリスト教の禁教、一揆の禁止、密告の奨励など、江戸幕府以来の封建的な民衆統治方針を継承することを高札の形で示した「五榜の掲示」はなぜか無視されている。

徴兵制については、民衆の徴兵忌避の動きがまったく紹介されていない。『徴兵免役の心得』が流布したことや、各地で徴兵反対一揆（いわゆる血税一揆）がおこったなどにはまったく触れられないまま、徴兵された天皇の軍隊を、最初から「国民軍」と位置づけてみせた。

そして日清戦争で平壌一番乗りを果たした原田重吉一等卒や、最後までラッパを放さなかったという木口小平の逸話などを例にあげ、「徴兵制が国民に受け入れられ、国難に対する意識が、民衆レベルにまで広く行き渡った」と絶賛している。これでは戦前の『修身』教科書を読んでいるかのようだ。

明治憲法は「アジアで最初の近代憲法」という見出しが付けられ、制限選挙制を無視して「国民は各種の権利を保障され、選挙で衆議院議員を選ぶことになった」と書いたり、「三権分立の明治憲法体制」とするなど、一面的で誤解を招きかねない叙述に終始している。

この説明では、統帥権・緊急勅令発令権など、天皇に認められた広汎な大権事項や、基本的人権を制約した「法律の留保」など、明治憲法のさまざまな問題点への言及はなく、一面的な明治憲法礼賛に終わっている。

また中学歴史教科書としては初めて『教育勅語』を全文掲載し、「非常時には国に尽くす姿勢」が強調された。

［排外主義］――中国・朝鮮だけでなく、反米思想も基調に

明治初期の朝鮮問題では、日本の開国要求に対する朝鮮側の主張には言及しないまま、征

韓論を唱えた不平士族を「戦う者としての誇りをもつ多くの士族」が「征韓の闘いで自分たちの存在意義を示そうとした」と擁護した。

日清戦争については「朝鮮半島と日本の安全保障」という項目を立て、朝鮮を「日本に敵対的な大国の支配下に入れば、日本を攻撃する恰好の基地となり、後背地を持たない島国の日本は、自国の防衛が困難になる。この意味で、朝鮮半島は日本に絶えず突きつけられている凶器となりかねない位置」と、韓国（朝鮮）の人々の立場を無視して、朝鮮は日本の自存のために占領されても当然といわんばかりの叙述をしている。

この「朝鮮＝凶器」観は、そもそも一八九〇年三月におこなわれた帝国議会における山県有朋首相の施政方針演説「外交戦略論」に由来している。山県は日本の領土を「主権線」とし、日本の国益と密接不可分な地域を「利益線」と定義した。この利益線が朝鮮半島であるとして、朝鮮半島を「刃」にたとえ、シベリア鉄道の着工をもってロシアの脅威がわが国に及ぶと危機感をあおりたて、議会に軍拡予算の承認を迫っていた。「つくる会」の教科書は、この山県有朋の時局認識をそのまま教科書の文章に翻案したもので、山県と同じ観点、つまり当時の藩閥政府指導者の立場で歴史を見ていることになる。

日露戦争後の韓国併合は、「日本の安全と満州の権益を守るために欧米列強から支持された」と説明しており、事実に反する。また、韓国併合にいたる歴史的経過については、わずかに韓国統監府の設置が記されているだけで、朝鮮側の義兵運動などの民族的抵抗には一切触れられていない。一九二三年の関東大震災にも触れていないから、このときの朝鮮人・中国人虐殺事件に関する叙述も、もちろんない。日本に占領され、植民地支配のもとに置かれた人々への配慮はまったくない叙述に徹している。

いっぽう、中国については、近代史の冒頭で彼らの中華思想に対する批判的な説明を長々と加えた。その反面、近代日本のアジアに対する膨張路線に対する反省は微塵もない。だから日清戦争は「欧米流の近代立憲国家として出発した日本と中華帝国との避けられない対決だった」と説明され、日清戦争後、中国が列強諸国に蚕食されるありさまを説明したうえで、「もし日本が負けていたら、あるいは、中国と同じ運命をたどったかも知れない」と軍拡・膨張・侵略に走った日本国家の立場を正当化している。

また、第一次世界大戦期の対華二十一箇条要求に対する中国側の排日運動など、日本の帝国主義政策に対する中国民衆の民族的抵抗に触れることなく、北伐途上の蔣介石の国民革命軍が南京でおこした外国人襲撃事件をコラムで意図的に詳しく取り上げた。その叙述には、「日本は幣原外相の方針で英国の出兵要請を拒絶し、かたく無抵抗を守った。……日本人が無抵抗であるのを見て、日本人への襲撃はかえってますます激しくなった」と子供たちに中国への敵意を煽ろうとする作為が認められる。

こうした排外意識を基調とした叙述は、アジアの国々だけに向けられたものではない。「第二次世界大戦の時代」の節の冒頭には、米国がアジア太平洋の島々を獲得していく過程を西暦年代付きの地図を図示し、米国が「日本列島の太平洋側を封鎖」したため、「日本には脅威であった」と米国の脅威を強調して見せた。このため、第一次世界大戦以後の歴史叙述は、

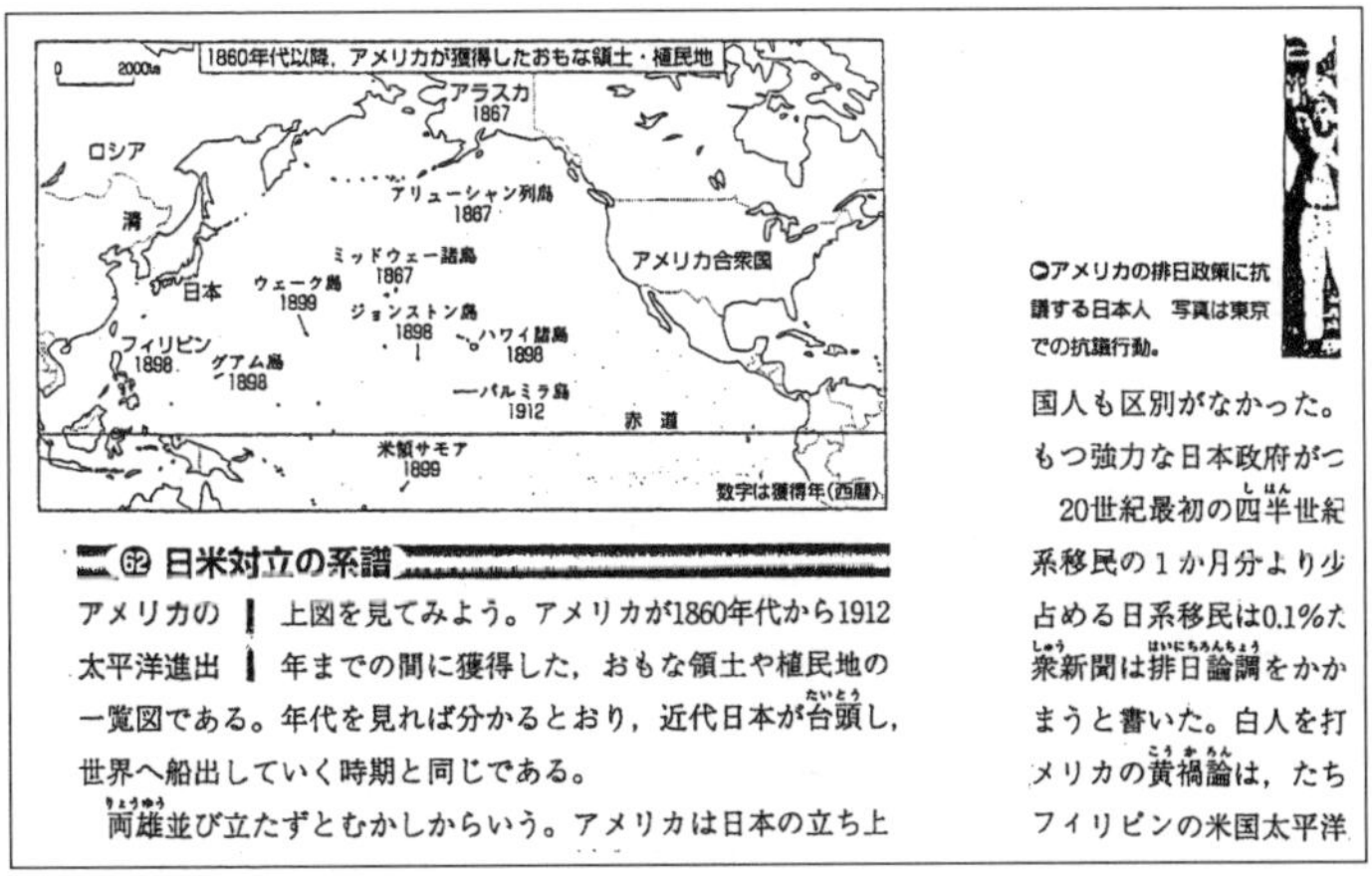

○アメリカの排日政策に抗議する日本人　写真は東京での抗議行動。

㉜ 日米対立の系譜

アメリカの太平洋進出　上図を見てみよう。アメリカが1860年代から1912年までの間に獲得した，おもな領土や植民地の一覧図である。年代を見れば分かるとおり，近代日本が台頭《たいとう》し，世界へ船出していく時期と同じである。

両雄《りょうゆう》並び立たずとむかしからいう。アメリカは日本の立ち上

国人も区別がなかった。
もつ強力な日本政府がっ
20世紀最初の四半《しはん》世紀
系移民の１か月分より少
占める日系移民は0.1%た
衆《しゅう》新聞は排日論調《はいにちろんちょう》をかか
まうと書いた。白人を打
メリカの黄禍論《こうかろん》は，たち
フィリピンの米国太平洋

▲…「つくる会」教科書は反米も基調になっている。太平洋の島々を米国が勢力下においていったことを、「日本には脅威であった」と説明する図版

一貫して日米対立史として描かれ、日米が戦うことは必然であったかのような反米意識が基調となっている。

【十五年戦争】――戦争に善悪はつけがたい？

「満州事変」も関東軍の独断専行であったことを認めつつ、「国民は関東軍の行動を熱烈に支持し、陸軍には２２０万の支援金が……寄せられた」と、マスコミに踊らされた国民に責任を転嫁することで、軍部の責任を極力薄めようという細工をしている。

日中戦争の叙述で、三光作戦、七三一部隊、軍票、（従軍）慰安婦、強制連行など、すでに中学校の歴史教科書でも定着したはずの、日本軍による戦争加害行為については全く言及されていない。かろうじて触れられたのが南京事件だが、これは戦後の東京裁判の項ではじめて登

場する。つまり、南京事件は戦後、連合国が東京裁判ではじめて持ち出してきたとする考え方だ。そして南京大虐殺否定派が好んで使用する「ジェノサイド」という言葉を、懇切丁寧に定義してみせたうえで、こんどは現代史上における他国の残虐行為を累々と列挙してみせた。このような回りくどい手続きを経たうえで、「〔南京事件の〕疑問点は多く……何がしかの殺害があったとしても、ホロコーストのような種類のものではない」と南京大虐殺を否定してみせた。

とくに驚かされるのが、今までの教科書では「太平洋戦争」として定着してきた歴史用語に対して、見出しから「大東亜戦争」の語を使ったことだ。アジア侵略を行った当時の政府が使っていた言葉であったにせよ、歴史用語としてはもはや死語となっていた言葉を蘇生させたことは、日本の侵略戦争に対するこの教科書の立場をよくあらわしている。そして、「〔日米交渉で〕アメリカは……日本の手の内をつかんだ上で……自国に有利になるよう誘導した」などと、開戦の理由を専ら米国に責任転嫁している。

また、開戦直後の戦域拡大について、「〔ハワイ真珠湾で〕大戦果をあげた」「〔マレー上陸作戦で〕自転車に乗った銀輪部隊を先頭に、日本軍は、ジャングルとゴム林の間をぬって英軍を撃退しながら、シンガポールを目指して快進撃をおこなった」など、当時の従軍記者が、日本人の戦意高揚のために書いた文章をそのまま引き写したかのような叙述が続く。そのうえで、「緒戦の勝利は、東南アジアやインドの人々、さらにはアフリカの人々にまで独立への夢と勇気を育んだのである」と、日本軍をほめ讃えた。

敗退を重ねていく展開についても、日本軍の立場から、感情を込めて讃える叙述が目立つ。

たとえば、アッツ島守備隊の全滅を、「〔日本軍は〕ボロボロの服で足を引きずりながら、日本刀をもってゆっくりと米軍に、にじり寄るようにして玉砕していった」と美化した。神風特別攻撃隊についても、「故郷の家族を守るため、この日本のために犠牲になることをあえていとわなかったのである」と讃えあげた。

沖縄戦の叙述については、琉球大学の高島伸欣教授が面白い実験をしている。「つくる会」教科書の白表紙本の沖縄戦についての叙述と、帝国書院版の現行中学歴史教科書の沖縄戦叙述を示し、「例示された二つの文章を使って、沖縄戦の授業案を作成せよ」という問題を教職課程を受講している学生たちにやらせてみたのだ。すると一人の学生が、見事な授業案を作成した。この学生の授業案では、「こどもたちに『二つの文章から主語にあたる言葉を抜き出せ』と指示する」という。そうすると、「つくる会」教科書では「日本軍は」「海上特攻隊を」「大和は」「鉄血勤皇隊の」「ひめゆり部隊の」「日本人は」など、日本軍や日本国家につらなる言葉しか抜き出せない。それに対して、帝国書院版の教科書では、多種多様な主語を抜き出すことができ、沖縄戦に関して、多種多様な立場や見方がひきだせるというのである。「つくる会」の教科書の戦争叙述が、いかに一面的で偏っているかの証左といえよう。

つまるところ、「つくる会」教科書のこのような戦争観は以下の叙述に集約できる。すなわち「戦争に善悪はつけがたい。……政治では決着がつかず、最終手段としておこなうのが戦争である。アメリカ軍と戦わずして敗北することを、当時の日本人は選ばなかったのである」——これは日本の侵略戦争発動を正当化した開き直り以外の何物でもない。

［戦後］――国際公約に反する東京裁判批判

戦後のA級戦犯裁判である東京裁判については、中学校教科書としては異例の二十八行の分量を使って詳述。「この裁判は国際法上の正当性がないとの説も有力である」と断じ、パール判事の意見など日本無罪論ばかりを長々と列挙して見せた。

一般の出版物で東京裁判を批判的に主張するのは自由だが、日本は一九五一年のサンフランシスコ講和条約の調印にあたって、東京裁判を含めた連合国の一連の措置を受諾して独立を果たしている。東京裁判を検定教科書でこのように批判することは、日本政府が遵守すべき国際公約に反することになる。また、現在の教科書検定基準には、一九八二年に日本の歴史教科書をめぐって外交問題化した時に「政府の責任で是正する」として事態を収拾した経緯があり、アジア諸国の立場に配慮する義務をうたった「近隣諸国条項」が存在する。「つくる会」教科書ひとつの存在のために日本が国際的苦境に立たされるとすれば、これは「国益を損なう」ことにもなる。

「つくる会」教科書の最後の人物コラムは、「昭和天皇――国民とともに歩まれた生涯――」で締めくくった。ここでは昭和天皇の人柄や、「平和主義者」としてのイメージばかりが強調されており、戦争末期に近衛文麿が早期終戦を進言した近衛上奏文を拒否した時の「もっと戦果をあげてからでないと」という発言に代表されるような否定的なイメージは隠蔽されている。神話から現代にいたるまで、天皇・皇室中心が貫かれたのである。

［総括］——教科書としては失敗作

全体を通じて、「つくる会」教科書では、国家主義・民族主義に立った我田引水的な政治的なメッセージが随所に散りばめられている。「つくる会」の論理であるこうした政治的メッセージを子供たちに教え込もうとするため、説明がどうしてもまわりくどく、「つくる会」の著者周辺でしか通用しないような、特殊な論理を咀嚼しなければならない。大の大人でもこれを読みこなすには難解であり、実際に教科書として使われれば、子供たちにたいへんな苦痛をもたらすであろう。

「つくる会」教科書を通読したある教育学者は、「教え込もうとして、一方的に説明してしまっているから、子どもたちに『どうして?』『なぜ?』という疑問をもたせる余地がない。教科書としては明らかに失敗作」と吐き捨てるように言った。

「つくる会」の『中学公民』申請本を読む

「つくる会」はなぜ公民教科書を作成したのか？

「公民」科は、政治・経済・国際・倫理など多様な分野を含んでおり、学んだ世代によって、相当する科目の名前がめまぐるしく変わってきた分野でもある。「自分たちの時代には『公民』なんてなかった」という人は、相当する科目名を挙げることで、ただちに年齢がばれてしまうであろう。年齢がばれてしまうという点では、戦前の「修身」国定教科書もそうだった。改定されるたびに内容が変わるが、全国一律に同じ教科書で学ばれてきたわけだから、いまの「公民」の比ではない大きな政治的効果をあげてきた。

「つくる会」公民教科書は、学習指導要領と整合させる形で政治・経済・国際関係も扱われているにはいるのだが、その内容を吟味すると、むしろ戦前の「修身」に通底する教育効果を狙っているようにも思える。「修身」に対応する科目としては、戦後生まれの「道徳」もあるにはある。だが、より多くの授業コマ数が確保できる「公民」を通じて、「歴史」教科書づくりだけでは未完におわる「つくる会」流の「国民」づくりを完遂しようというのが、並行して

「公民」教科書づくりを事業化した理由であろうと思われる。

だが、「つくる会」には当初から公民教科書づくりに必要な人材が確保されていたわけではなかった。このため、右派論壇紙『発言者』を主宰する西部邁氏と急接近し、西部人脈との交流のなかで、公民教科書が構想されたのである。

したがって『公民』の責任執筆者は西部邁氏であり、他に佐伯啓思京都大学大学院教授、佐藤光大阪市立大学教授、八木秀次高崎経済大学助教授、宮本光晴専修大学教授、杉村芳美甲南大学教授という執筆メンバーになった。これは「つくる会」の『歴史』教科書とは異なり、「つくる会」で理事などをつとめる役職者が比較的少ない。そういう点で、編集・発行が扶桑社、発売が産経新聞社という形は「つくる会」歴史教科書と同じなのだが、人脈的には「つくる会」本流とは若干異なる、別働隊的な色あいが強い執筆陣となっている。

[グラビア]――対外的危機を煽る視覚的作為

「つくる会」公民申請本は歴史編と同じA5判だが、その分量は本文二五六ページ。このほかグラビアが十一ページあり、あわせて二六七ページと歴史編よりはいくぶん薄い。だが、その書かれている内容は、著者らが相手の理解力や年齢も考えずに自分たちの主張を折伏するように並べたてているため、その観点の当否はともかくとしても、たいへん難しい内容になっている。これが教科書として現場で使用されるようなことになれば、中学生の方が消化不良をきたすであろう。

そのなかで比較的理解しやすいのが、冒頭のグラビアページである。ページごとに項だてされたテーマは、1メディアと社会、2文化の流出・流入、3銀行とグローバリズム、4阪神・淡路大震災と自衛隊、5国境と周辺有事、6国家主権と日本人、7国連の混乱と限界、8高齢化社会と福祉、9大国日本の役割、10環境問題とエネルギー、11心の豊かさという配列で構成されている。

とくに注目されるのが、軍事・外交など国際関係の扱われ方だ。とくに「5国境と周辺有事」では、北方領土の写真を中央に大きく配し、中国の漁船や不審船、テポドン発射成功を祝う北朝鮮のポスター、石原慎太郎都知事（当時は前代議士）と共に尖閣諸島に出向き、魚釣島に上陸して日の丸旗を掲げる西村真悟代議士の写真などを配置し、日本が対外的に危険に囲まれていると示唆する内容だ。

さらに「6国家主権と日本人」では、インドネシアの政局混乱に際して、日本人救出のためにシンガポールに派遣された自衛隊輸送機の写真を大きく配し、周りにはキルギス事件で解放された日本人人質、北朝鮮拉致問題の集会風景、ペルー大使館事件で銃を持って突入するペルー特殊部隊と、解放された日本人人質の場面をそれぞれ写真で配し、海外での武力行使の必要性を示唆した。

その武力行使の主体となる自衛隊については、「4阪神・淡路大震災と自衛隊」でその災害救助活動を取り上げ、「懸命の救助作業にあたり、多くの被災者の力になったのは、まぎれもなく自衛隊だった」と絶賛した。これと対比するかのように同じページの右下におかれた小さな写真は、作業衣を着て現場を見舞う村山富市首相（当時）らの写真だが、そのキャプションには「第一報の連絡が遅れた首相官邸」という、およそ写真とは直接に結びつかない説明が付けられている。当時の首相官邸の対応が遅れたのは事実だが、このページで自衛隊の救助活動と対比させた政治的意図はハッキリしている。村山元首相らを誹謗したともとれるのである。

さらに「7国連の混乱と限界」と銘打ったページでは「冷戦後の民族紛争激化の果てに、国連はその機能の限界を浮き彫りにした」と主張し、ユーゴ難民、ユーゴ空爆でNATO軍に初参加したドイツ空軍、コソボ自治州におけるドイツ空軍の活動、東ティモール紛争に出動するオーストラリア軍などの実例を写真で挙げた。有事において、日本軍（自衛隊）の海外派兵を暗に促す内容だ。

［平和憲法］――九条改憲を強く主張し、軍縮に敵対

憲法第九条第一項の戦争放棄については、「侵略戦争だけを放棄したものだと解釈するのが妥当」とし、つづく第二項の「禁止されるべき戦力の保持および交戦権も『侵略戦争に関するものだ』と解釈するのが適切」と主張した。そして自衛戦争を肯定し、「［集団的自衛権を行使するためには］憲法第九条の表現そのものを改正する必要が強く唱えられている」と一方側の主張をならべたてた。

さらに「自衛隊の国連平和維持軍や多国籍軍自体への参加が諸外国から期待されているが、ここでも日本国憲法がその障害となっている」と断じ、反憲法の姿勢を明確にした。

また、『毎日新聞』（二〇〇〇年七月二十八日大阪編集版）、『朝日新聞』（二〇〇〇年七月二十九日）で既に報じられたように、この教科書には「核兵器廃絶は絶対の正義か」というコラムがある。そこではまず「核兵器は大量殺戮を可能にする兵器である。しかし逆にその危険性のために、核兵器があると、戦争が起こりづらくなる」と核抑止論を展開したうえで、「核廃絶が表面的に合意されたとしたら、その時が世界の秩序にとって最も危険な瞬間」「核兵器廃絶法の禁を破るものが、大量殺戮兵器を手にして、世界を支配するかも知れない」と軍縮に敵対する論陣を張った。

［民主主義］――市民運動・住民運動・マスコミを敵視

住民投票の項目では、吉野川河口堰の住民投票を報ずる新聞記事を示しつつ、原発・産廃施設・米軍基地などの問題について、「特定地域の住民の意思のみによって左右されるものではない」と住民運動地域エゴ論を展開。

「直接民主主義的手法は……議会の存在を軽視するもの」「住民の意思自体が、マスコミや市民運動団体の意見に左右されやすく」などと主張し、その地域で取り組まれている市民運動や住民運動を悪者扱いした。この論理は、吉野川河口堰の可否をめぐる住民投票結果について、「民主主義の誤作動」と語って世論の非難を浴びた中山正暉農水省（当時）と同じ論理だ。

マスコミに対する敵意も凄まじく、「マスメディアをはじめとする媒体によって提供される情報に依拠すればするほど、『世論』の名のもとに少数の真剣な意見が無視される」とか、

「マスメディアなどがつくる根拠のはっきりしない意見や、集団的な気分にみんなが流されてしまい、結果として『多数の専制』になってしまう」と主張し、マスコミ報道が弱者や少数意見をとりあげ、権力の横暴を牽制する役割に触れることなく、「一様な価値が……マスコミの世論によって強制され……管理体制が敷かれ自由が抑圧される」と結論づけている。

〔天皇制〕——天皇は万世一系？

このように憲法第九条や市民運動・住民運動・マスコミを悪者視する一方で、明治憲法についての評価は、手放しの絶賛といってよい。私たちが明治憲法の問題点として指摘する天皇の大権事項や、下位におかれた法律が、上位法規である憲法に保障された基本的人権をいとも簡単に否定してしまう「法律の留保」の仕組みには一切言及することなく、「権力の分立がおこなわれた」とか、「国民には多くの権利や自由が保障され」たなどと、明治憲法に対する意図的な歪曲を施し、その反民主主義的性格を隠蔽した。

その一方で天皇制については手放しに絶賛し、「わが国は万世一系の天皇が統治する立憲君主国であることを明らかにした」「天皇は、古くから国家の平穏と国民の幸福を祈る民族の祭り神として、国民の敬愛の対象とされてきた」などと歪曲された歴史で天皇制を説明したうえで、「わが国の歴史には、天皇を精神的な中心として国民が一致団結して、国家的な危機を乗り越えた時期が何度もあった。明治維新や第二次世界大戦で焼土（原文のママ。「焦土」の誤植ではないのか？）と化した状態からの復興はその例である」と説明し、近代天皇制をいとも簡単に「日本の伝統文化」に置換してみせた。

[総括]――ナショナリズムでグローバリゼーションに対抗

終章の「どんな未来が待っているのか」は、「つくる会」公民教科書の主張がいちばんよくわかる部分だ。

その冒頭では「自由と秩序のどちらかをとるか、というのはまちがった選択である。秩序のない自由は混乱を、そして自由のない秩序は抑圧をもたらす」と主張した。そして、その秩序の拠り所について、「各国の歴史、いいかえればその国の『国柄』に基づく秩序でしかありえない」と主張する。

ここで唐突に「国柄」という言葉が出てくるわけだが、「人間の個性はその人の属する国の歴史と国柄の中で育つ」と説明し、「歴史をふまえた国柄は、個人の個性と社会秩序の両方にとって、最も基礎的なもの」と主張して、日本人としてのナショナル・アイデンティティを重視した立場を表明している。

これを読んで、一見まっとうな主張のように受けとめる読者もいるかも知れないが、「つくる会」が主張する「国柄」というのは、天皇を「万世一系」と歪曲し、近代天皇制を意図的に「日本の伝統文化」に置きかえるような歪曲された『国柄』であり、これは「つくる会」歴史教科書とも連動する部分だ。つまり、歪曲で塗り固めた歴史を「国柄」だと主張しているのだ。

このような歪曲された「国柄」を前提にしつつ、「中央集権か地方分権かという二者択一も意味をもたない」「国権か民権かという二者択一も排される」と主張し、「国民に共通の『公心』から国家が形成され、……政府と民衆は相互に批判を交えながら官民強調の方向で歩み寄る以外にない。二者択一ではなく、いわば『二者平衡』の政治感覚が、各国それぞれに育てられていくことになる」と、「つくる会」流の国民統合の野心があからさまに主張される。

そして、グローバリゼーションのゆくえを「人間のサイボーグ化」と断じたうえで、「歴史的な秩序感覚と歴史的な良識感覚をもって、サイボーグのではなく血の通った人間の交友関係、つまり、家族・地域・社会そして国民国家といった共同体的な人間関係を再びきづきあげようとする、このような、故郷意識から国家意識にいたる広い意味でのナショナルな感覚が、高度情報化社会に対する抵抗の砦となるだろう」と、古典的な国民国家への回帰を展望する。つまるところ、ナショナル・アイデンティティを固めることでグローバリゼーションに対抗するのだと主張しているのである。

また、ここでいう「ナショナルな感覚」が、家族・地域・社会・国民国家を包摂した「故郷意識から国家意識にいたる」と説明されているのも注目に値する。つくる会『中学歴史』申請本が、日本語の起源やその独自性に執拗にこだわっていることは既にのべたところだが、日本語では「国（くに）」という語彙には、英語にいう故郷（country）・国土（land）から、国家（state）・政府（government）・国民国家（nation state）にいたる多様な概念がすべて含まれてしまう。

かつて「お国のために」という言葉の「国」が、実は「天皇の国家」を示すものであったにも関わらず、身近な家族や共同体に対する愛情や情緒的なつながりと混同させ、「大東亜共栄圏」「一億玉砕」に向けて民衆動員したのがあの戦争であった。国家の運命と個人の運命が限りなく同化されていたのである。それが日本人だけでなく、アジア、ひいては世界の人々にいかなる惨禍をもたらしたかは歴史の証明するところでもある。

一般の商業出版物とは異なり、教科書には当然のことながら憲法遵守義務がある。国民主権の時代に、嘘で塗り固めた天皇制を「日本の伝統文化」だとか「国柄」だと偽って強制し、改憲を公然と主張する「つくる会」公民教科書が憲法違反であることは、もはや誰の目にも明らかである。

2——アジアから見た「つくる会」教科書

▲…「つくる会」教科書の問題を報じた韓国紙と新華僑紙（2000年8月）

今回の「つくる会」『中学歴史』をいち早く報道したのは、韓国のメディアであった。以来韓国では、日本の歴史教科書問題をめぐる報道が過熱しており、常駐の特派員のみならず、多くの取材チームが来日して精力的な報道を続けている。

ながく日本の植民地支配を受けた韓国・北朝鮮、および日本と最大の交戦国だった中国人社会の「つくる会」教科書に対する懸念は、わたしたちが考えている以上に大きい。今回の教科書づくりの動きが、一九八二年の歴史教科書問題とは異なり、「草の根」からの右傾化であることが、事態をさらに深刻にしている。

「つくる会」検定教科書が合格すれば、本章では扱わなかったシンガポール・マレーシア・米国なども含め、さらに大きなリアクションが予想される。外交問題化するのも避けられまい。たかが一冊の教科書で日本を国際的に孤立させたとすれば、「つくる会」も大変罪つくりなことを始めたものである。

国家主義・民族主義に立って日本歴史の見直しをすすめている「自由主義史観」グループの運動団体「新しい歴史教科書をつくる会」メンバー（以下「つくる会」と略す）執筆の中学歴史・公民教科書（版元は扶桑社）が現在文部省で検定進行中だ。

ところがこの申請本が版元の扶桑社自身や「つくる会」関係者の手で、一部の教師などに見本などの形で出回り、そのコピーも広く出回っている。このため、その問題点が広く知られる結果になった。

とくに韓国・香港・中国では二〇〇〇年八月上旬から大きなニュースとして扱われており、世論の関心も日本国内よりも格段に高い。東アジア諸国の論調から、「つくる会」歴史教科書の問題性を明らかにしたい。

『ハンギョレ新聞』のスクープ

八月九日、韓国紙『ハンギョレ新聞』の一面トップを「日本の歴史歪曲教科書、文部省検定通過の見込み——第二次世界大戦を美化し、自民党から合格判定に向け圧力」という刺激的な見出しが踊った。

記事では「日本のアジア侵略を、『アジア民族解放戦争』だとか『自衛のための戦争』とか美化し、加害者日本を徹底的に被害者として描写する」教科書と紹介している。同紙はとくに「一九六〇年の国連総会における植民地独立宣言決議が、日本が一九四三年に中国の汪兆銘親日傀儡政府と満州国、東南アジア代表などを招いて開催した大東亜会議共同宣言と『同じ趣旨のものであった』と主張している」ことを歴史歪曲の最たるものとして紹介した。

また「原爆・空襲などによる日本側の被害は詳細にとりあげるが、日本の戦争犯罪に対しては『戦争をして戦争犯罪をいっさいおかさない国はなく、むろん、日本も例外ではない』と、ひとこと言及するにとどまる。／その代わり、ドイツによるユダヤ人およびポーランド人、ロシア人、ジプシーの大量虐殺や、スターリン、毛沢東、ポル・ポト政権の集団虐殺については具体的な数字まであげて長々と記述したうえで、『日本はドイツと同盟を結んでいながら、人種差別反対という国の方針をとおしてユダヤ人を助けた』と強調し、対比させている」と紹介し、日本に都合の悪い事実は極力書かず、他国にダメージを与える内容を執拗に列挙するという「つくる会」教科書叙述のレトリックを暴いてみせた。

日本の歴史歪曲教科書、文部省検定通過の見込み——第二次世界大戦を美化し、自民党から合格判定に向け圧力（韓国『ハンギョレ新聞』一面／二〇〇〇年八月九日）

第二次世界大戦時の日本のアジア侵略を、「アジア民族解放戦争」だとか「自衛のための戦争」とか美化し、加害者日本を徹底的に被害者として描写するなど、既存の日本と世界の歴史を覆すような歴史教科書が、日本の文部省検定過程をまもなく通過する見込みだ。

八日に『ハンギョレ新聞』が入手した教科書写本では、アジア地域における抗日戦争を、「欧

米の植民地支配下で利益を得ていた人々」による操り人形的「ゲリラ活動」だと規定している。〔……〕

近く事実上の検定作業（検定意見の発表）を終え、来年〔二〇〇一年〕三月の合否判定を経て、二〇〇二年四月から使用される予定のこの教科書は、今まで「太平洋戦争」として知られている日本の侵略戦争、第二次世界大戦を「大東亜戦争」と呼び方を変え、「米国の対日敵視政策のために不可避だった自衛戦争」と正当化した。

また、日本軍の東南アジア侵略を、「進出」「進駐」「快進撃」などと描写し、緒戦における日本軍の勝利を、「東南アジアやインドの人々、さらにはアフリカの人々にまで独立への夢と勇気を与え、「ヨーロッパの植民地だった国々の独立の波」を呼び起こし、「第二次世界大戦後の世界地図は一変した」と叙述している。

はなはだしくは、一九六〇年の国連総会における植民地独立宣言決議が、日本が一九四三年に中国の汪兆銘親日傀儡政府と満州国、東南アジア代表などを招いて開催した大東亜会議共同宣言と「同じ趣旨のものであった」と主張している点だ。

この教科書は、「戦争に善悪はつけがたい」として戦争責任をはぐらかした上で、日本軍の玉砕と神風特攻隊、沖縄住民の大量の犠牲などを壮絶な戦死として描写し、日本の国家主義を刺激している。

また、原爆・空襲などによる日本側の被害は詳細にとりあげるが、日本の戦争犯罪に対しては「戦争をして戦争犯罪をいっさいおかさない国はなく、むろん、日本も例外ではない」と、ひとこと言及するにとどまる。
その代わり、ドイツによるユダヤ人およびポーランド人、ロシア人、ジプシーの大量虐殺や、スターリン、毛沢東、ポル・ポト政権の集団虐殺については具体的な数字まであげて長々と記述したうえで、「日本はドイツと同盟を結んでいながら、人種差別反対という国の方針をとおしてユダヤ人を助けている」と強調し、対比させている。

同紙は同日付三面でも「とくに日本軍が南方侵略を決行し、植民地宗主国の欧米諸国から東南アジア地域を奪取するために動員されたインド・ミャンマー・インドネシア・ベトナムの一部現地住民たちを、独自の民族解放戦士として描写しつつ、自らをその『聖戦の支援者、指導者』として位置づけている部分は、その歴史歪曲の極致である」と紹介し、韓国民に耐えがたい苦しみを与えた日帝時代（一九一〇～四五）に関する叙述が、「『労働力の不足を埋めるため徴用（原文省略あり）植民地である台湾・朝鮮へも適用された）が行われ』という表現が唯一あるのみである」と強い不満をのべている。

そして「こうした短い文章の後には、かならず『しかし』で始まる冗長な自己正当化の叙述と、『戦争とはもともとそういうものだ』として、『それでも日本はずっと善良だった』という点を強調した解説的な文章が、付け加えられている」と、「つくる会」教科書の自己正当化の手法を見事に看破している。

日本はアジア解放の指導国家――検定通過目前の日本極右教科書　第二次世界大戦の裁判を強烈に批判、従軍慰安婦・創氏改名を省略（韓国『ハンギョレ新聞』三面／二〇〇〇年八月九日）

『ハンギョレ新聞』が九日入手した日本の「新しい歴史教科書をつくる会」の中学校社会科歴史教科書の写本は、先月〔二〇〇〇年七月〕二十九日に日本の一部マスコミが報道した中学校公民教科書と一対をなす。同じく「新しい歴史教科書をつくる会」〔メンバー〕が編集して文部省に検定申請している公民教科書では、「核兵器廃絶は絶対の正義か」と題し、日本の核武装への可能性を示唆している。また、戦争と軍隊保有を否定してきた「日本国憲法」九条の改正も主張している。

この歴史教科書の最大の特徴は、戦犯国日本を正義の使徒にすりかえることによって、軍国日本が交戦国であった連合国を悪の化身として宣伝した「鬼畜米英」式の歴史観をそっくりそのまま蘇らせながら、日本の民族主義を鼓吹している点にある。

とくに日本軍が南方侵略を決行し、植民地宗主国の欧米諸国から東南アジア地域を奪取するために動員されたインド・ミャンマー・インドネシア・ベトナムの一部現地住民たちを、独自の民族解放戦士として描写しつつ、自らをその「聖戦の支援者、指導者」として位置づけている部分は、その歴史歪曲の極致である。

そして、「インドの法律家パラバイ・デサイは、『インドの独立は日本のおかげで30年早まった』と語った」式の、外史を正史の中心に置換するレトリックが繰り返される。

教科書はまた、第二次世界大戦当時の内閣総理大臣だった東条英機などの戦犯たちを絞首刑に処した一九四六年の東京国際軍事裁判の不当性を繰り返し強調して、日本の戦犯意識は、占領軍司令部が意図的に注入したプロパガンダ（政治宣伝）の活動の結果であるとして、日本軍がひきおこした中国の南京大虐殺も、事実かどうか疑問がある事件だと主張する。植民地の朝鮮に関する記述のある部分は、「労働力の不足を埋めるため徴用（〔原文省略あり〕植民地である台湾・朝鮮へも適用された）が行われた」という表現が唯一あるのみである。

執筆者たちは「日本軍は当初、占領地域を軍政下において独立運動の取りしまりを行ったため、裏切られたと感じたアジアの民衆も多かった」式の文章を、ところどころに入れ込んでいる。そして、こうした短い文章の後には、かならず「しかし」で始まる冗長な自己正当化の叙述と、「戦争とはもともとそういうものだ」として、「それでも日本はずっと善良だった」という点を強調した解説的な文章が、付け加えられている。

〔……〕被害国としての日本を次々と具体的な事例をあげて強調するとともに、「米軍の将兵はこれ〔神風特攻隊〕をスイサイド・アタック（自殺攻撃）といってパニックに近いおそれを感じ、のちに尊敬の念すらいだいた」と、強靱な日本精神を強調している。

日本の青少年たちが戦後の歴史をほとんど知らないという現状と、周辺国家からの反発が避けられないという点を考えれば、この教科書がそのまま採択された場合、歴史歪曲の相互相乗作用と、それによる悪循環をあおることになろう。教科書では、このような摩擦を技術上避けるため、軍隊慰安婦、創氏改名、（韓国人への）徴兵・徴用など、特定の国家を直接的に刺激するような内容はあらかじめ割愛するか、あるいは非常に抽象的な表現にとどめるという具合に、彼らなりの緻密な計算をしている。〔……〕

同じ三面の解説記事では、「つくる会」には大学教師・企業幹部たちも多数参加していると し、日本青年会議、自由主義史観研究会、東京教育再興ネットワーク、扶桑社、『サピオ』、『産経新聞』、キリストの幕屋（「狂信的な右派宗教集団」と紹介）や、自民党の国会議員を中心とした二百名を数える「教科書問題を考える国会議員の会」などの支援があると、その背景にもくわしい。

韓国では報道合戦に

この『ハンギョレ新聞』のスクープをきっかけに、韓国では天地がひっくり返ったような大騒ぎになった。各社の東京特派員は「つくる会」教科書の入手に躍起となり、日本の関係官庁・出版社・教組などには「なんとか手に入らないか」という問い合わせが相次いだという。

翌十日には早くも『東亜日報』が後追い報道したほか、八月十三〜十四日にかけて各社とも「つくる会」教科書申請本のコピーを歴史・公民編ともに入手した。そして各社は競い合うようにその内容と問題点を報道し始めたのである。

とくに八月十三日付『中央日報』紙は一面で「日本右翼、侵略を美化した教科書を申請、中学校用に『韓日併合は合法的』」という見出しで、「つくる会」教科書の韓国併合に関する叙述を大きく取り上げた。

日本の中学・高校ではあまり教えられていないことだが、一九六五年に佐藤栄作内閣と朴正煕政権との間で結ばれた「日韓基本条約」の解釈をめぐっては、いまだに日韓両国政府が異なった解釈をしている部分がある。

同条約第二条の「一九一〇年八月二十二日（註：韓国併合条約の日）以前に大日本帝国と大韓民国との間で締結されたすべての条約及び協定は、もはや無効であることが確認される」という部分がこれにあたる。

日本政府はこの「もはや無効」という文言を「一九六五年の日韓基本条約の時点でもはや無効」と解釈しているのだが、韓国政府の場合は「韓国併合過程のそれぞれの日韓協約そのものが、国際法違反で無効だ」と主張している。とくに戦後生まれで、学生時代に日韓条約反対運動を経験した世代や、さらに若手の国会議員たちの間では、「日本との関係をうやむやにすべきでない」という意見が強く、日韓基本条約の見直しは、韓国の国会でも過去に何回も浮上した重大関心事なのだ。

したがって『中央日報』一面の記事はこれに敏感に反応し、「つくる会」教科書が、韓国併合を「東アジアを安定させる政策として欧米列強から支持されたものであった。〔……〕国際関係の原則にのっとり、合法的に行われた」と記述したことに「強制合併を公然と否定して見せた」と反発したものだ。

同紙はさらに、「つくる会」教科書が「朝鮮半島は日本に絶えず突きつけられている凶器となりかねない位置関係」と地勢学的に叙述し、日本による韓国の開国や強制合併を正当化し、「日本は、朝鮮の開国後、その近代化を助けるべく軍制改革を援助した」と身勝手な歴史叙述に終始していることを強く批判している。

公民教科書も「天皇中心」を強調（韓国『中央日報』／二〇〇〇年八月十四日）

日本の右翼学者グループ「新しい歴史教科書をつくる会」が今年四月に文部省に検定申請した公民教科書にも、歴史教科書と同様に歴史を歪曲し、日本が天皇中心の国家であることを強調している内容であったことがこのほど判明した。

また、独島〔ドクト、日本名：竹島〕を日本領土と表記し、自衛隊の多様な活動を取り上げながら自衛隊活動を制約する現行憲法改正の必要性を提起し、朝鮮民主主義人民共和国（北朝鮮）の日本人拉致問題を扱っている。十四日、中央日報が独自に入手したこの公民教科書写本（本文二五六ページ）によると、天皇と政治について「天皇を精神的な中心として国民が一致団結して、国家的な危機を乗りこえた時期が何度もあった。明治維新や第二次世界大戦で焼土と化した状態からの復興は、その代表例である」と記述している。

また、明治時代の大日本帝国憲法について、「わが国は万世一系の天皇が統治する立憲君主制であることを明らかにした。……この憲法は、アジアで初の近代憲法として内外ともに高く評価された」と書いている。

憲法について、自衛隊の国際活動の制約を取り上げ、「平和条項」とよばれる九条の表現を変える必要性が強く要請されていることを明らかにした。この公民教科書の執筆者は西部邁氏と伝えられている。


『東亜日報』紙の場合は、社説で繰り返し「つくる会」の歴史教科書の動きを取り上げ、対日問題に警鐘を打ち鳴らし続けている。

「我々は日本の教科書がなぜこのように一斉に歴史を歪曲しようとするのかについても注目せざるをえない。アジア各国は二十一世紀を迎え平和と和解を模索中だ。むしろ過去の歴史について、確実な反省の姿勢を見せなければならないこの時期に、どうしてこのような平和を踏みにじるようなとんでもないことが日本の中で拡散しているのか、我々はその理由が全く理解できない。／一部では、民族主義の復活を狙う日本の右翼勢力の影響が作用した結果だという指摘もあり、このような右傾化の雰囲気を意識した日本の文部省の見えざる圧力のためだという話も出ている。万一これが事実ならば、まさに憂慮すべき問題だ。／日本が歴史の歪曲を通じて狙っている目標が何であるかは知らないが、過去の歴史をそのまま受け入れることなく、好き勝手に美化し、歪曲することによって何らかの効果を期待するというのは、歴史に逆行し、アジアの平和に否定的な影響を与える危険な発想」と手厳しい。

歴史に逆行する日本の教科書（韓国『東亜日報』社説／二〇〇〇年九月二十四日）

新しく編纂された二〇〇〇年度版の日本の中学校の歴史教科書が、互いにそれぞれ約束したかのように一つの例外なく歴史を歪曲しているという話に、我々は怒りとともに驚きを禁じえない。現在、日本の文部省の検閲を申請している中学校の歴史教科書は全部で八種類で、先月、日帝のアジア侵略をアジア解放戦争と記述したとして問題になった「新しい歴史教科書をつくる会」が作った歴史教科書以外の残りの七種類の教科書も、やはり程度の差こそあれ、歴史の歪曲は同じようになされているとのことだ。〔……〕

日本が行った侵略行為の本質はどんなに歳月を経ても変わることのない事実で、これらの教科書がまるで手で天を隠そうとしているように歴史の事実を歪曲している姿は哀れみさえ誘う。

我々は日本の教科書がなぜこのように一斉に歴史を歪曲しようとするのかについても注目せざるをえない。アジア各国は二十一世紀を迎え平和と和解を模索中だ。むしろ過去の歴史について、確実な反省の姿勢を見せなければならないこの時期に、どうしてこのような平和を踏みにじるようなとんでもないことが日本の中で拡散しているのか、我々はその理由が全く理解できない。

一部では、民族主義の復活を狙う日本の右翼勢力の影響が作用した結果だという指摘もあり、このような右傾化の雰囲気を意識した日本の文部省の見えざる圧力のためだという話も出ている。万一これが事実ならば、まさに憂慮すべき問題だ。

日本が歴史の歪曲を通じて狙っている目標が何であるかは知らないが、過去の歴史をそのまま受け入れることなく、好き勝手に美化し、歪曲することによって何らかの効果を期待するというのは、歴史に逆行し、アジアの平和に否定的な影響を与える危険な発想だからである。

該当する歴史教科書がまだ文部省の検定を受けているところだということが、それでもまだ希望を与えてくれる。何よりも日本政府は歪曲された歴史教科書が検定を通過するようなことがないようにしなければならない。既にアジア各国は、この問題に敏感な反応を見せている。中国外務省はこのニュースが入るやいなや強い調子で非難し、北朝鮮も即刻是正を求めた。

このような反応に比べ、わが国の対応は比較にならないほど曖昧だ。外務省は論評にもならないブリーフィングを通じて、「日本の教科書の歴史歪曲問題を注視しており、韓国政府の憂慮の念を日本に伝える」としただけだ。日本との外交関係を考慮したようにも思われるが外交と歴史の歪曲は全然別個の問題である。

政府は今からでも、このような歴史の歪曲の動きに強い抗議の意思を日本側に伝え、該当の教科書が文部省の検定を通過しないように積極的な姿勢を要請しなければならない。

『東亜日報』はさらに、「ここで私たちは最近の森総理の『神の国』発言と、東京都の石原知事の発言など、日本の指導層の妄言を思い起こさざるをえない。／もし、今回の教科書がこのような日本社会の極右的雰囲気から出たものだとすれば、日本が掲げている二十一世紀日韓両国関係の発展と和解、平和などのスローガンは外交的美辞麗句に過ぎなかったことになる。／この教科書が日本の文部省の検定に合格することは絶対に看過できない」と主張している。

繰り返される歴史歪曲（韓国『東亜日報』社説／二〇〇〇年十月十日）

〔……〕この教科書が第二次世界大戦の戦犯国である日本を被害者として、相手国である連合国を加害者として表現していることは、歴史的事実を置換した代表的な事例である。日本の第二次世界大戦参戦は、日本の領土を拡張しようとする欲望から始まり、近隣アジア諸国に耐えがたい苦痛を与えたことは説明するまでもない。

またこの教科書では、第二次世界大戦で日本がアジア諸国に「進出」した結果、欧州諸国の植民地だった国で独立運動が始まったと主張する一方、日本の戦犯を処罰した一九四六年の極東国際軍事法廷（東京裁判）は不当であったと主張している。

この教科書は日本の右翼で構成された「新しい歴史教科書をつくる会」が執筆したもので、予定通りならば、二〇〇二年四月から中学校の正式教科書として採用されるという。右翼の偏った観点を代弁したこの本がどれほど多くの学校で採用されるかはわからないが、私たちが最も懸念しているのは、このようなとんでもない内容が、そのまま次の世代に伝わった場合の副作用である。

この本が教育の現場で使われる場合、日本と周辺アジア諸国の平和的共存に非常に否定的な影響を及ぼすものと思われる。間違った教科書を通じて、若い世代に歪曲された歴史認識が受け継がれる可能性があるためである。

より心配なのは、このような教科書の内容についてそれほど拒否感を持っていない日本国内の雰囲気である。報道によると、日本の自民党はこの教科書が検定に合格するように文部省にさらに圧力をかけているということである。

ここで私たちは、最近の森総理の「神の国」発言と、東京都の石原知事の発言など、日本の指導層の妄言を思い起こさざるをえない。

もし、今回の教科書がこのような日本社会の極右的雰囲気から出たものだとすれば、日本が掲げている二十一世紀日韓両国関係の発展と和解、平和などのスローガンは外交的美辞麗句に過ぎなかったことになる。

この教科書が日本の文部省の検定に合格することは絶対に看過できない。

香港ではテレビ報道から

韓国で「つくる会」教科書が大きく取り上げられていた頃、香港では返還後二回目にあたる立法会の選挙戦たけなわの状態で、対外問題にはあまり関心が持たれなかった。八月中旬に業界第二位の有力紙『蘋果日報』が国際面を使って「つくる会」教科書について報道したが、人々の目は立法会選挙の趨勢に関心が向いており、対日問題はあまり話題にのぼらなかったという。

ところが選挙直後の九月十三日、ケーブルテレビの大手である有線テレビが「つくる会」教科書を画面に大写しにし、「日本で南京大虐殺を否定し、侵略戦争を自衛戦争と正当化している教科書が検定中」というニュースが流れたのが契機となって、しだいに報道されるようになった。

有線テレビのニュースでは、日本の学校の登下校風景や教室でくつろぐ子供たちの姿を資料映像として流しつつ、文部省ビルの映像を映し出した場面では、文部省の表札が大映しになったところで、笹田文部省教科書検定課係長が「まだ検定中なのでお答えできません。（検定基準は）学習指導要領に基づいてつくられているかどうかが大きな観点だと思うのですが……」と電話回答している日本語の音声を中国語の字幕付きで流した。

ニュースでは、香港教育専業人員協会（香港最大の教職員組合。組合員約七万人）の主席で、このほど立法会選挙で立法会議員に再選（職能団体枠選出）されたばかりの張文光氏にインタビューした場面もあり、張主席は「今回の日本の動きは看過できない。中国政府は日本に甘い態度をとるべきではない」と「つくる会」教科書を厳しく批判している。

有線テレビでは、八月十三日正午から深夜の二十四時まで、三十分おきに放映される定時のニュースで日本の教科書問題を取り上げ続けた。同局のケーブルは香港の四十万世帯以上に番組を供給しており、仮に一世帯を平均四人と見積もると、香港全人口七〇〇万人弱のうち、四人に一人がこのニュースを視聴したという計算になる。

翌十四日には最大部数の大衆紙『東方日報』も「日本、再び教科書を改ざん。南京大虐殺を疑問視し、東北〔満州〕占領は歓迎されたとたわごと」と国際面で大きなスペースを使って報道した。

これに刺激されて『文匯報』『星島日報』『明報』『サウスチャイナ・モーニングポスト』『蘋果日報』など有力紙も追随している。

日本の教科書から「慰安婦」の記述が消える——自民党・右翼が出版社に圧力

（香港『明報』／二〇〇〇年九月十一日）

日本の『毎日新聞』の報道によると、日本の教科書出版社は、侵略戦争の歴史叙述を薄めようと企てている自民党政府・文部省・右翼歴史家の圧力により、中学校の教科書原稿から「慰安婦」

「七三一部隊」などの史実を薄めさせたり削除させようと腐心しているという。〔……〕市民グループの関係者は「教科書会社は右翼の圧力で、このような改定に踏み切ったのです」と言っている。ある市民グループの代表は「文部省の役人や自民党の議員が、衆議院で現行教科書を非難し続けている」という。さらに彼は「教科書会社は文部省の検定を経てはじめて教科書を市場に出すことができる。だから彼らは自ずと文部省や政治家の圧力に屈するのです」と説明した。

『毎日新聞』の報道によれば、彼らは教科書会社を訪問して中学歴史教科書原稿から「慰安婦」を削除させた。ある官僚は「『慰安婦』については、歴史として評価が定まっていない」と言った。また別の教科書会社には「世界と日本の歴史全体を考慮したとき、『慰安婦』のことを教科書に記載することが妥当かどうか?」と言ったという。

以前に『東京新聞』が報道したところによると、教科書会社は「従軍慰安婦」のうち「従軍」という言葉を削除し、「慰安婦」という言葉だけを残そうとしたため、現行教科書では、戦時中日本に強制されて「慰安婦」とされた中国・朝鮮の婦女子はみな歴史教科書では「妓女」〔原文のママ〕と描写されているという。〔……〕

報道によれば、自民党や一部右翼歴史学者は教科書会社に対して、日本が隣国に苦難を与えたとすることは、「反日」であり「自虐」であると教科書会社に圧力をかけてきた。〔文部省に検定での合否を握られている〕教科書会社は最後には妥協せざるをえない。今回の事件は日本における右翼勢力が日に日に増大していることを反映している。

日本政府には、不正な方法で教科書の内容を勝手に歪曲させた前科がある。一九八二年に日本は歴史を歪曲し、中国に対する「侵略」を「進出」と歪曲させ、南京大虐殺をなるべく軽く取り扱わせるよう指導した。

五月に新しく日本の首相となった森喜朗は「日本は天皇を中心とする神の国である」と発言し、ただちに日本国内に激しい批判を巻き起こした。石原慎太郎東京都知事などの右翼急進分子は、妄言を吐いて第二次世界大戦の侵略の歴史を否定し、とどまることなく、軍国主義の復活を画策している。

史実教育を堅持（香港『文匯報』コラム／二〇〇〇年十月八日）

最近になって、日本の教科書出版社が新版中学歴史教科書の内容をまた改ざんしようとしている。

その内容は、過去の日本の戦時暴力行為を薄めようとすることにあり、目的もはっきりしているようだ。このところ、複数の日本の右翼分子が、ことごとく侵華戦争で中国人民に対して行った行為を否認する発言を繰り返している。このような態度は、全く軽蔑するに値する。

このような日本の文部省が過去十数年間たびたび行ってきた中学教科書に対する歴史の歪曲とは反対に、最初から著しく歴史を歪曲させた問題の多い歴史教科書を検定で合格させ、その害毒をひろく次の世代にまき散らし、伝播させようとしている策動は、本当に人々を心から憤慨させる。

このような事態は、世の人々に歴史教育の重要性を認識させる契機ともなった。

日本がいまだに中国侵略の歴史を正しく書き改めていることを否定しているのは、明らかに過去の行為を反省していないからであり、認める勇気を持ち合わせていないからである。しかし、歴史を歪曲することは、ただ中日両国人民の関係を疎遠に向かわせるだけである。日本の子どもたちが現在も正しく歴史教育を受ける機会がなければ、将来中日両国人民の付き合いが重大な影響を受けることは必然である。

考えてもみよ。日本の歴史教科書に、南京大虐殺と言わず、中国侵略戦争を否認し、慰安婦や七三一細菌部隊等を想起しない教育が行われたならば、幼い日本の子どもたちはそれを信じ、中国やその他の国々が日本に無実の罪を着せて両国人民の不和をもたらしたと考えるかもしれない。長い将来にわたって対立し、肯定できる利益は何一つない。

たしかに日本の幾つかの〔右派〕団体や関係部門には、〔歴史を〕偽造したり、隠蔽したりする動機があり、ありもしないことをでっちあげることもあるが、これは当然やってはならないことだ。

歴史を学習する第一の目的は、歴史から教訓をくみ取り、正しく現在との関係を把握することにある。

従って日本の正しい歴史学者、歴史教育者たちには、この目的に沿って歴史を正視し、史実の教育を通じて日本の子どもたちに歴史を見ぬく力を与えるように願うばかりだ。中国人として、われわれも同様に史実をもって子どもたちを教育する。

中日両国が平和共存・互恵競争できるのは、歴史の発展を尊重する態度にもとづいている。日本による中国侵略戦争の責任を回避する言行をわれわれは強く非難し、歴史の真相がいつのまにか曖昧にされないようにしなければならない。

私たちは正しい歴史観を堅持すべきであり、歴史の真相はハッキリさせるべきだ。これは両国人民の友好のためである。

香港中国歴史教師会は、先日挙行した「日本の侵華戦争史改ざんを監視する教師と学生の討論集会」のほか、すでに九月十六日に「日本の出版社が中国侵略の史実を改ざんするのに反対する公開声明」を発し、全香港の教師・学生の署名を集めた。九月二十二日には、公開声明グループと一緒に全香港で署名活動をすすめ、教師・学生から、一万二八一六名の署名が集められた。

このように、香港の教師・学生の歴史教育に対する高い関心と、日本の歴史改竄策動に反対の意思をハッキリと示すことができた。また、歴史の真実を堅持し、子どもたちを正しく教育するという私たちの立場も支持されたのである。

ここにおいて、私は教育に携わる人々が、継続して歴史教育をすすめ、子どもたちに適切な史実学習がなされるよう継続して努力されるよう願ってやまない。

香港はイギリス植民地時代以来の伝統で、中国大陸とは異なり、言論の自由を尊重する文化的風土が存続している。センセーショナリズムに走りやすい欠点もあるが、大陸内部では自制気味の中国のなかにあって、民衆のナマの声を測るうえで、香港の報道は今後も注意を要する。

朱鎔基首相来日を前に、中国も本格報道

韓国、香港の報道に比べて、ながく報道が低調だったのが中国大陸での報道だ。「つくる会」教科書の問題は、『聯合週報』(八月十七日付)、『中文導報』(八月二十四日付)など、日本国内で八万部以上発行されている大手新華僑紙ではすでに大きく報道されていたため、中国紙の記者がこの問題に気がつかなかったとは考えにくい。

靖国神社参拝に「後継者あり」——五十有余年の平和憲法に華はあるが実り少なく
(『中文導報』/二〇〇〇年八月二十四日)

八月十五日は日本の敗戦五十五年の記念日であり、東京の日本武道館で「全国戦没者追悼会」が挙行された。靖国神社も依然として空前の盛況で、潮のように人々が行き交っていた。十人の閣僚と衆参両院七十八人の国会議員が参拝したほか、戦争賛美の声をあげる右翼団体のスピーカーの音で、あたりは大変騒がしかった。議員以外にも、一般の日本国民もつぎつぎと参拝に訪れ、「靖国の情を結ぶ」人々が若年化・世代交代を印象づけた。〔……〕

ここ数年、軍服姿の老人たちはめっきり減り、年齢の若い人々が増えてきている。記者は旧日本軍の軍服を着た二人の老人が疲れ果てて茶屋で休んでいるのをみとめたが、その後ろには二人の若者が立ってラッパを吹いていた。このなかの一人は、旧日本軍の軍服姿だったが、生気にあふれており、まさしく「後継者ここにあり」という光景であった。

このうち二十歳の青年は「自分が靖国神社に参拝するのは、英霊から力をいただくためでありますと言った。また、もう一人のイスラエル留学から帰ったばかりの二十六歳の青年も「イスラエルでは、大変多くの人々が、国家のために尽力していました。だれでも国のために戦って戦死すれば、英霊に感謝するのは当然でしょう」と言った。森首相の「神の国」発言についても、彼は「別に問題ありません」という。

また熱狂的な一部の若者たちは、石原慎太郎東京都知事が靖国神社に参拝に現れたときに歓呼の声で迎え、〔取材に来ていた〕一部の左派メディアに対して暴力攻撃を仕掛けようとした。その場に制止する警官がいなかったら、暴力事件は免れなかった。〔……〕

目下、日本の文部省では中学校用歴史教科書の検定作業中であるが、現行の「戦争の反省」を基調とする教科書とは対極の立場にたった、新しい教科書が検定申請されている。この申請本では「戦争は悲劇である。しかし、戦争に善悪はつけがたい。どちらかが正義でどちらかが不正という話ではない。国と国とが国益のぶつかりあいの果てに、政治では決着がつかず、最終手段として行うのが戦争である」と主張した。

この申請本は、さらに現行教科書の「太平洋戦争」の語を「大東亜戦争」と言い換えたほか、

「神風特攻隊員」（の遺書）を取り上げ、「この日本のために犠牲になることをあえていとわなかったのである」と新しい解釈を与えた。そして日本が他国を侵略した事実は、ほとんど記載されていない。

　このように「戦争に善悪はつけがたい」教科書が日本社会に蔓延すると、戦争の反省にたった批判精神が日本の次の世代からは消失し、かつて日本に侵略されたアジア各国人民の感情を逆撫でするような、「靖国神話を相伝える後継者ここにあり」ということになりはしないだろうか？

〔……〕

　首相の靖国神社公式参拝はアジア諸国への配慮から今年は見送られたが、森首相自身が「みんなで靖国神社に参拝する会」の会員であり、その気持ちは「すぐにでも靖国に馳せ参じる思い」だったという。靖国神社問題懇話会が成立したことで、「来年は首相の靖国神社公式参拝が実現しそうだ」と関係者は期待している。

　靖国神社問題は、日本政界にとって永遠に「やめたくてもやめられない」テーマである。靖国神社問題懇話会が成立したことや、若い議員の参拝者が大幅に増加したこと、さらに文部省が〔反動的な〕教科書を推進しているという事情もあり、「後ろの波が前の波を呑み込み」「新世代が老兵を凌駕し」「代々伝えられ」「ひたすら突き進む」といった靖国神社をめぐる風潮を形成したのである。だがこのような態勢は、日本とアジア諸国人民との間の戦争問題をめぐる真の和解にとって避けることのできない障害となろう。

ところが、中国大陸での報道は南京で発行されている夕刊紙『揚子晩報』の八月十一日付に、『朝日新聞』のニュースを引用する形で「日本で南京大虐殺を否定する教科書が検定審査中」という短い記事が出た程度で、韓国・香港のそれとは対照的な低調ぶりだった。

中国で本格的な報道が始まったのは、九月二十七日になってからのこと。中国共産主義青年団の機関紙『中国青年報』は、同紙東京特派員署名入り四千字にも及ぶ論文を掲載した。

論文は「このような歴史教科書がどうして子弟を悪くしないことがあろうか！」と題したもので、「つくる会」教科書の古代史について「〔一組の男女〕二神が性の交わりをして生まれた子どもが、淡路島、四国、隠岐の島、九州、壱岐島、対馬、佐渡の島、本州だった。八つの島からなるので、『大八島国』とよび、これが日本の誕生である」と記され、とうてい歴史とはいいがたい「国産み神話」が長々と説明されていることを紹介した。そして、これは「『日本は天皇を中心にした神の国』であるとする皇国史観、つまり日本人は神の末裔であるという主張にほかならない」と嘲笑する。

さらに近代史についても、「日本が戦争を発動したのは迫られてやむをえず戦争になったのであって、日本が悪いのではない」という戦争観が、「甲午中日戦争〔日清戦争〕・日露戦争・侵華戦争〔日中戦争〕などの叙述も、説明文のなかにすべてこの基調が貫かれている」と批判した。

そして「およそ日本が被害を受けた事件はことごとく文章に描写を加えることを惜しまず、

日本が加害者に属する歴史は隠蔽するか、省略して叙述しないという著者の手法だ。したがって、従軍慰安婦など多くの問題に言及していない」とその歴史歪曲のレトリックを解明して見せ、「つくる会」教科書は「改めて戦前のように、子供たちに皇軍を崇拝する思想を注入させることで、再び軍国主義少年少女をつくり出すことにある」と断じている。

『中国青年報』紙は中国国内で若い世代を対象としており、学校・企業などに掲示されるため、大勢の人々の目に触れる機会が多い媒体だ。またこの論文は同日付の『人民日報』『新華社通信』のインターネット版にもほぼ全文が転載され、コンピューターの普及がめざましい中国で、若い世代を中心にたくさんの読者の目にふれたという。

このような歴史教科書がどうして子弟を悪くしないことがあろうか!

(『中国青年報』/二〇〇〇年九月二十七日)

〔……〕今回中学校用歴史教科書を検定申請している出版社は八社あり、その内容は玉石混淆であるけれども、日本が中国・韓国に対して行ってきた侵略史を簡略化することが全体の趨勢になっている。たとえば、日本がアジア諸国から従軍慰安婦を徴用した歴史は、八社中たった三社の教科書が触れているにすぎない。しかも現行教科書では「従軍慰安婦」と叙述しているのに、今回の検定申請版では「従軍」の語はなく、わずかに「多くの朝鮮の婦女などが戦地に送られ」

などと曖昧な言葉で記述されているにすぎない。

南京大虐殺事件と、その虐殺された人の数については、現行教科書では「二十万（人）」「十数万（人）」など、その虐殺人数には違いがあるものの、いずれも具体的な叙述があった。ところが今回の八社の教科書の申請本では、一社が二十数万としたほかは、さまざまな資料を並べ立てて、事件の真偽を説明したうえで、「現在論争中で定説がない」としたものや、「大量」「たいへん多い」「定説がない」などと記述している。

このようななか、最も論議を引き起こしているのが「新しい歴史教科書をつくる会」の教科書申請本である。

この歴史教科書はその第一章《原始・古代》のなかで、根も葉もない神話物語をすべて教科書のなかに書いている。そのなかには「混沌の中から天と地が分かれ〔……〕」、〔一組の男女〕二神が性の交わりをして生まれた子どもが、淡路島、四国、隠岐島、九州、壱岐の島、対馬、佐渡の島、本州だった。八つの島からなるので、『大八島国』とよび、これが日本の誕生である」。また、すぐ続いて伝説上の皇室祖先神である天照大神の誕生や、伝説上の初代天皇である神武天皇など、神話をひとつひとつ歴史教科書のなかに挿入した。

これら作者たちの意図するところは、神話物語を歴史に位置づけ、中学生たちに「日本は天皇を中心にした神の国」であるとする皇国史観、つまり日本人は神の末裔であるという主張を行うことにほかならない。

中日甲午戦争〔日清戦争〕は、日本の対外膨張と植民地統治の端緒である。この教科書では、日本が中国に勝った原因について「陸戦でも海戦でも日本は清に圧勝した。日本の勝因の一つには、日本人が自国のために献身する『国民』になっていたことがある。それに対し、清の軍隊は金でやとわれた兵で、戦況が不利になると、たちまち戦闘意欲を失ってしまった」と叙述している。文中では「勝因の一つ」と控えめだが、他の要因についていっさい言及していないから、もっぱら「祖国のために献身する」ことが日本軍勝利の唯一の原因であったと主張しているに等しい。

つづく「三国干渉」（遼東半島返還）について、「東アジアに野心をもつロシアは、〔……〕ドイツ、フランスを誘って、強力な軍事力を背景に、遼東半島を中国に返すように日本に迫った。清を破ったとはいえ、独力で三国に対抗する力を持たない日本は、やむをえず、一定額の賠償金と引きかえに遼東半島を手放さねばならなかった」とした。

この教科書では日本が他国の土地を略奪した強盗行為への反省は微塵もなく、同じ強盗の一味であるロシア・ドイツ・フランスの三国干渉に対して憤然としている。

さらに日本開国以来、刻苦精励、官民ともに国力を高めることに努力し、ロシアに対抗してきた、このことが後に中国東北地区の勢力範囲を争奪する日露戦争の伏線になったと叙述している。

第二次世界大戦については、「１９３８年、近衛文麿首相は東亜新秩序の建設を声明し、日本・満州・中国を統合した経済圏をつくることを示唆した。これはのちに東南アジアを含めた大東亜共栄圏というスローガンに発展した」とした。周知のように、この《大東亜共栄圏》構想は、日本の全面侵略戦争を意味している。つまり、片手に武器を持って中国人を虐殺しつつ、もう一方の手で「中国との共栄」を叫んで握手を求めているのである。

にもかかわらず、〔本書を執筆した〕《大東亜共栄圏》論者は、「日中戦争で一応、中立を守っていたアメリカは、近衛声明に強く反発し、中国の蔣介石を公然と支援するようになった。日米戦争に至る対立は、直接はここから始まった」とした。

〔……〕聞くところでは、今までの日本の教科書では《特攻隊》については、いっぱんに否定的な評価が下されてきたが、この教科書ではこれが決死隊として大いに美化されている。二〇〇〇年の八月十五日、靖国神社境内の柱に特攻隊をあしらったカラーのイラスト画〔小林よしのり氏の作品〕が掲示され、人々の注目を集めていた。観音菩薩を懐に抱いて死んでいった《特攻隊員》、彼の腕には目のさめるような鮮やかな《日の丸旗》の腕章がつけられており、特攻精神を讃える絵画だった。

この教科書はこれを文章の形に翻案して描写されたものと言ってよく、ひとたびこの教科書が中学生たちの手に渡るようなことがあれば、彼らが受け止めるであろう教育効果ははかり知れない。

この教科書では、比較的長い文章で米軍による日本本土空襲についての描写がある。米軍の日本本土空襲は確かに事実ではあるが、同じく歴史事実に照らすならば、日本軍が重慶市民に対して行った非人道的な無差別爆撃も指摘されてしかるべきだ。その戦争犯罪行為は米軍の日本本土空襲にまさるとも劣らないと思われるが、この教科書には何一つ叙述されていない。

あの手この手を使って、子供たちに《被害国日本》を印象づけようとしているのだ。

ところが、やはり《南京大虐殺》事件については言及せざるをえなかったらしく、わずかに《南京事件》の叙述がある。だが、その書き出し以外の大部分は、否定と弁解の言葉で埋め尽くされている。

すなわち「この東京裁判法廷は、日本軍が１９３７年の南京攻略戦において、中国民衆20万人以上を殺害したと認定した。しかし当時の資料によると、そのときの南京の人口は20万人で、しかも日本軍の攻略の1か月後には25万人に増えている。そのほかにもこの事件の疑問点は多く、今も論争が続いている。戦争中だから、何がしかの殺害があったとしても、ホロコーストのような種類のものではない」と記されているのだ。

〔……〕総括すると、第一に、古代史では「日本は、まさに天皇を中心とする神の国、皇国である」と伝えている。第二に、近代史において「戦争は一方が正しくて一方が誤りという区別はない」と主張している。すなわち、「戦争に善悪はつけがたい。どちらが正義でどちらが不正という話ではない。国と国とが国益のぶつかりあいの果てに、政治では決着がつかず、最終手段として行うのが戦争である。アメリカ軍と戦わずして敗北することを、当時の日本人は選ばなかったのである」と結んでいる。

この背後に隠れている主張は明瞭だ。「日本が戦争を発動したのは迫られてやむをえず戦争になったのであって、日本が悪いのではない」という主張だ。本書の甲午中日戦争〔日清戦争〕・日露戦争・侵華戦争〔日中戦争〕などの叙述も、説明文のなかにすべてこの基調が貫かれている。

第三に、近代戦争の叙述で、歴史事件を選択・叙述するときに、その事件の性質や背景を無視して、およそ日本が被害を受けた事件はことごとく文章に描写を加えることを惜しまず、日本が加害者に属する歴史は隠蔽するか、省略して叙述しないという著者の手法だ。したがって、従軍慰安婦など多くの問題に言及していない。

第四に、日本の侵略戦争発動の性質を故意に隠蔽して、戦争を美化している。当時の日本軍がいかに勇壮であったか。《鉄血勤皇隊》の少年少女たちがなんと勇敢であったか。その意図するところは、改めて戦前のように、子供たちに皇軍を崇拝する思想を注入させることで、再び軍国主義少年少女をつくり出すことにある。〔……〕

二〇〇〇年十月八日、中国の朱鎔基首相は北京駐在日本記者団と会見したおり、十二日の日本訪問にあたって、政府間で歴史問題を話題に取り上げないという意向を示した。だが、その意味するところは、中国の人々が「つくる会」教科書を容認したということではない。記者会見であえて「議題にしない」ことに触れてみせ、メディアではきちんと報道することで、逆に日本政府を牽制して見せたと見るべきであろう。

検定中の中学教科書の検定意見は二〇〇〇年十一月に通告され、各社は原稿の最終修正にはいっている。文部省担当記者が「私が取材したかぎり、一〇〇パーセント間違いなく合格する」と言ってはばからない「つくる会」の歴史・公民教科書をめぐり、今年春から夏にかけての採択、および二〇〇二年四月の使用開始にむけて、国際世論のきびしい非難にさらされることはもはや必至と言わねばならない。

国際的孤立を招いてまで、「つくる会」教科書的な天皇中心の民族主義・国家主義に固執する道を選ぶのか、それとも国際協調と和解・共生にふさわしい教科書づくりを進めていくのか、日本政府はもとより、私たち日本人のあり方が鋭く問われている。

3——［資料解説］教育とナショナリズム

▲…川崎市内の小学校に今も残る二宮金次郎の像。

教科書、とりわけ歴史・公民教科書は、それが國史・修身であった時代から日本人の世界観づくりに大きな役割を果たしてきた。とくに強調したいのは、ナショナリズムをふりかざす人々のいかがわしさである。明治以来の教育現場で、日本のナショナリズムがいかに有害な役割を果たしてきたか――。

近代・戦後の教科書史・教育史を回顧し、ナショナリズムを振りかざす人々と、これと対極をなす動きとの双方から、必読と思われる史料を精選した。中には著名な事件や史料も含まれてはいるが、実際にその中身を知っているという人は少ないはずだ。本書で初公開となる史料も含め、偏狭なナショナリズムが招いた災厄を、歴史的経験のなかに学んでいきたい。

近代日本教育史とナショナリズム

近代天皇制の創出

近代日本の国民国家づくりは、天皇の存在すら知らない民衆に、その存在と意味を教育することから始まったと言ってよい。［史料］は幕府軍と官軍が戦火を交えた戊辰戦争で東山道を江戸に向かって進軍する官軍の先鋒をつとめた赤報隊が、各地に高札として掲示したものである。隊員たちは村々で王政復古の意味を説明し、具体的な経済的利得としての年貢半減を約束することで、沿道の民衆を官軍に味方させていった。

幕藩制下の社会において、民衆は直接の領主や代官の存在は承知していても、天皇の存在を知る庶民は少なかった。このため、天皇（天子）がどのような存在であるかを教育することから、国づくりは始められたのである。民衆の宿願であった年貢半減をちらつかせてその重大な責務を遂行した赤報隊であったが、戊辰戦争の戦費を三井・鴻池・小野・島田などの豪商から調達していた維新政府にとって、年貢半減は到底できない相談であった。やがて京都筋から今度は証拠を残さないように「年貢半減御取消」のお触れが口頭で流され、赤報隊を率いた相楽総三ら幹部七名は突然下諏訪の本営に呼び戻され、「偽官軍」の汚名を着せられ、一回の取調べも抗弁の機会も与えられないまま、一九六八年三月三日に斬首された。官軍に草莽が処分された瞬間であった。

【史料】 年貢半減令（一八六八年）

此の度、王政御復古に相成り、御政治の向は都《すべ》て、御所に於て御取扱ひ遊ばされ候に付ては、朝命に服さざる者等、御追討として官軍を御差向に相成る義に候間、百姓・町人共は安堵致し、各職業相励むべく候事。〔……〕

一、徳川慶喜の儀、朝敵たるを以て、官位召し上げられ、且つ従来御預の土地、残らず御召し上に相成り、以後は天朝御領と相成り候。

尤も、是迄の慶喜の不仁に依り、百姓共の難義も少なからざる義と思召され、当年半減の年貢に成し下され候間、天朝の御仁徳、厚く相心得申すべし。

且つ諸藩の領所たりとも、若し困窮の村方、難渋の者等は、申出で次第、天朝より御救助下さるべく候事。

官軍　赤報隊　執事

（相楽総三「赤報記」寺尾五郎編著『倒幕の思想＝草莽の維新』思想の海へ5、社会評論社、一

九九〇年）

このように前途多難なスタートを切った維新政府は、その後も明治初年代の不平氏族の蜂起や、徴兵反対一揆、学制反対一揆、地租改正反対一揆などの新政反対一揆にさらされ続けた。さらに明治十年代には自由民権運動の高揚にも直面する。地租軽減や民撰議会の開設を要求する民衆のうねりを封じ込めるには、天皇を前面におしたてた国民統合を急がねばならなかった。こうして推進されたのが明治天皇の六大巡幸である。

行幸は一八七二年の近畿・中国地方・九州（第一回）に始まり、七六年に東北地方（第二回）、七八年には北陸・北海道（第三回）、八〇年には中央道（第四回）、八一年には再び東北・北海道（第五回）、八五年には山陽道（第六回）と進んだ。

木下尚江が中山道を西下する行幸を迎えたのは四回目のそれであった。おりしも自由民権のうねりは信州にも及び、天皇の行幸を見送った翌年に尚江は自宅近くの宝永寺で、民権派の政談演説会を目撃している。母校の教師らに混じって登壇した弁士のなかには、尚江の魂をゆさぶるような演説をした弁士もいた。

「〔その弁士は〕『今日の圧政政治を覆へして自由の世界に出ずる為めには、我々は皆一身を棄てねばならぬ』と云ふのであった。〔……〕其の白き面を紅に輝かし、肩まで垂れたる黒髪を波打たせて、肺肝を絞つたる真摯熱誠なる沈痛の声は、水を打ちたるように静まれる会場の隅から隅に反響して、予は実に『死んでも可い』と思った」（木下尚江「懺悔」）と尚江はこの時の衝撃を記している。
尚江はのちに毎日新聞記者となり、日本最初の公害問題といわれる足尾鉱毒問題などで鉱毒被害者の立場に立った鋭い論陣を張った。さらに一九〇一年には社会民主党結党に加わるなど、キリスト教社会主義者として活躍した。

【史料】 六大巡幸（一八八〇年）

予は十一二歳の頃に、北米合衆国の前大統領グラント将軍の来遊と、日本天皇の地方巡幸とを見た。〔……〕
田舎人の心が如何ばかり深くこの御巡幸に動いたことであつたろう、別けても老人等は一にも二にも昔時の事を引いて来ては盛に彼此れと評定に余念なく見えたのである。彼等老人の眼には、此の御巡幸と云ふことが忝くも亦た悲惨に見えたらしい。彼等は固くも『天子様は生神様』と云ふ古き信仰を守つて居た、彼等は切《しき》りに先帝の変事に際して天の擁護のあつたと云ふ近き怪談を物語つた。〔……〕
学校の庭には既に真黒に人が集まつて居た。やがて上級の方から次第に列を作つて校旗を真先に雨の中を、かの出川の原まで進み、路傍の縄張に入つて鳳輦遅しと待つて居た。御巡幸を拝する為めに十里も二十里もの山の中からさへも、赤児を負い、老人を助けて、誘い合はせて出掛けて来た程なので、街道筋は泥濘の中を両側人の壁を築いたようであつた。腰の曲つた白髪の人などは、『此世で天子様を拝むことが出来るとは何たる幸福な身であろう』と皆な感泣の涙に咽んで居た。〔……〕

待ちに待ち疲れた時、鹵簿粛々として近づいた。きらめく剣を突き揃へた騎兵の花やかさ、御馬車を挽いたる六頭の亜拉比亜馬の雄々しさ、御馬車の窓の中をと思ふ時教師が『敬礼』と厳命を下だしたので、早速謹で頭を下げた。頭を上げた時御馬車は既に遠く行き過ぎて居たのである。抑も今日蟻の如くに此の街道に集つたる老若男女は、只だ親しく天皇の御顔を見たいとの一念であつた。然かし、思ふに誰も彼も其の親しく見ることを得たのは騎兵と亜拉比亜馬とであつたであろう。行列が行き過ぎ終わつて通行の自由が許るされると、両側から多くの男や女が我勝ちに駆け出して突き合ひ押し合ひ着物を汚ごして泥中に争い始めた。彼等の一生懸命に争ふのは、馬に蹴飛ばされ車に踏み散らされたる泥塗れの砂利であつた。彼等の間には『天子様の御通行になつた砂利を持つて居れば、家内安全五穀豊穣だ』との信仰が一般に流布されていたのであつた。

如何にして彼様に御通行の時が後れたのかと後に聞いて見たが、其れは出川駅で御小憩で案外御手間が取れたのだと云ふことであつた。出川駅で供した御憩の計画は其頃非常な評判であった。御休憩所の庭上なる池から鯉を釣つて天覧に備へたとの事であつたが、竿さへ投げれば直に大きな魚が引つ掛つて来るので、竜顔誠に麗はしく見受け奉つたとのことである。如何して其のように能く釣れたものかと不審であつたが、其れは十日も前から餌を与へずに、充分腹を減らして置いたのだと云ふことであつた。聴くもの皆手を拍つて其の妙案を讃めちぎつた。予は只だ奇体なことをするものだと黙つて聴いて居たのである。〔……〕

（木下尚江「懺悔」『木下尚江集』近代日本思想体系10、筑摩書房、一九七五年）

「諭吉の近代」と「音吉の近代」

近代日本初期の教科書は、福澤諭吉の『学問ノススメ』『西洋事情』など、公刊されている啓蒙書から適当なものを選んで使用するという形がとられた。なかでも『学問ノススメ』は一八七二年の一月に初編が刊行されると、おりから学制が施行されたという事情もあり、海賊版も含めて八〇万部も普及したという。

これより三年前の一八六九年に、諭吉は〔史料〕に示した『世界国尽』という啓蒙書を書いている。これは多くの学校で地理の教科書として採用されたもので、A5判縦書きで和綴じのそれには、下段に墨書の本文、上段には解説文が配置され、アジア・ヨーロッパなどの地域ごとに分冊、折り込み地図も添付されていた。日本で最初の地理の教科書である。〔史料〕にはその中から中国（「支那」と記されている）の部分を抽出した。

諭吉は中国を、暴君が世界を見なかったためにアヘン戦争で国を傾けてしまったと論じ、その解説文では民衆を「奉公人の根性」で「真実に国を思う者なく」利己主義に陥っていると解く。もちろん、当時の清国の情況の説明としては必ずしも間違っているとはいえないが、注意を喚起したいのは中国および中国人に対する余りにも侮蔑的な表現である。本書におけるこのような侮蔑的な表現は、中国のみならず、このあとに続くインドその他の有色人種の住む諸地域についての解説文に共通する特色となっている。

ところで、このような侮蔑的な表現をさしおいてでも、当時の日本にあって諭吉が海外事情に精通していたことは認めざるをえない。その諭吉が遣欧使節団の一員としてシンガポールに寄港したおり、英語・広東語を駆使して一行の身のまわりの面倒を見た人物に、尾張出身の（山本）音吉がいた。

音吉は船頭だったが、江戸に向かう途中に嵐に逢ってアメリカ西海岸に漂着した。のちに救助されてマカオで待機したのち、モリソン号で帰国を試みるが、運悪く幕府の打ち払い政策の最も厳しい時期にあたり、浦賀沖と山川で撃退された（一八三七年のモリソン号事件）。音吉は絶望の末に、やむなく他の六人の日本人漂流民とともにマカオに引き返したのである。

音吉はその後上海に赴いてデント商会の仕事を任され、多くの使用人を使う裕福な身分となった。上海で娶ったマレー系の妻と共にのちにシンガポールに移住したため、上海・シンガポールに居住した最初の日本人でもある。そしてこの間、日本人漂流民、幕府・諸藩の洋行者が寄港するたびに自宅に招いて歓待し、逗留の世話、帰国船の手配など、海外事情に不慣れな同胞のためになにかと身の回りの世話を焼いた。祖国に棄てられた身にもかかわらず、「私設日本領事館」ともいうべき働きを成したのである。

諭吉らの遣欧使節団も音吉にひとかたならない世話になった。だが、音吉と邂逅した多くの人々が音吉の生きざまに鮮烈な印象を受け、数々の記録を書き残しているのに対し、諭吉の音吉に関する記録は極端に少ないという。

音吉の伝記を『にっぽん音吉物語』（晶文社、一九七九年）に著した春名徹氏は、音吉と諭吉らとの接触を、「ヨーロッパとの接触がアジアにもたらした自立的な傾向を仮に近代と呼ぶならば、音吉に代表される《庶民の近代》と、福沢らに代表される《為政者の近代》とは、この時一瞬鋭くまみえ、後者が前者を無視することによって、たちまちはなればなれになったといえる。《庶民の近代》が本質的に内在する親切、人間に対する優しさなどとは無関係な地点に、日本が近代国家を形成するのはそれから六年後のことである」と記している。

［史料］ 福沢諭吉が書いた地理の教科書（一八六九年）

（本文）〔……〕「支那」は「亜細亜」の一大国、人民おほく土地広く、みなみに「印度」、北に「魯西亜」、東のかたは「大平海」、瀬戸を隔てて日本国、九州肥前の長崎より「支那」の東岸の「上海」へ海路僅に三百里、蒸気船の旅なれば十日の暇を費して往て帰るに余あり。南にまはり「香港」は「英吉利」領の一孤島、島にひらきし新みなと、商売繁盛土地にぎはひ東洋一の港なり。そもそも「支那」の物語、往古陶虞の時代より年を経ること四千歳、仁義五常を重じて人情厚き風なりとその名も高かく聞えしが、文明開化後退去、風俗次第に衰て徳を修めず知をみがかず我より外に人なしと世間しらずの高枕、暴君汚吏の意にまかせ下を抑えし悪政の天罰遁るるところなく頃は天保十二年「英吉利国」と不和を起し唯一戦に打負て和睦願ひし償は洋銀二千一百万、五所の港をうち開きなをも懲ざる無智の民、理もなきことに兵端を妄に開く弱兵は負て戦ひまた負て今のすがたに成行しその有様ぞ憐なり。〔……〕

（解説文）〔……〕支那の政治の立方は、西洋の語に「ですぽちっく」といへるものにて、唯上に立つ人の思ふ通に事をなす風なるゆへ、国中の人皆俗にいふ奉公人の根性になり、帳面前さへ済めば一寸のがれといふ気にて、真実に国の為を思ふ者なく、遂に外国の侮を受るよふになりたるなり。既に天保年中英吉利に打負しときも償金を払ひし上に香港の島を英吉利に与へ、広東、厦門、福州、寧波、上海、五所の港を無理に開かせられ、其後も始終外国人にふみつけらるるよし。〔……〕

（福澤諭吉「世界国尽」『福澤諭吉全集第二巻』岩波書店、一九五九年）

臣民をつくる教育——教育勅語

一八八九年に大日本帝国憲法が下賜された後、帝国憲法下での教育理念を示すのもとして山県有朋首相と芳川顕正文相が企画し、元田永孚・井上毅の手で『教育に関する勅語』（以下『教育勅語』と略す）が起草された。その特徴は、儒教的忠孝原理と天皇制イデオロギーを結合させ、天皇への忠誠を最高価値に置いた家族国家観にある。『教育勅語』は天皇・皇后の写真である「御真影」とともに各学校に下賜され、祝祭日などの学校行事において奉読がおこなわれ、国家に忠良な「臣民」の育成が図られた。『教育勅語』は戦前の学童に暗唱するまでたたき込まれ、しばしば児童生徒に対する罰則（ペナルティ）として『教育勅語』の書写が採用されるなど、戦前の学校生活のなかに深く浸透していった。

『教育勅語』下賜の翌一八九一年には、キリスト教徒の内村鑑三が『教育勅語』への拝礼を拒んだために東京第一中学代用教員の職を失わせる内村鑑三不敬事件が起きるなど、天皇制国家に馴染まない異分子を排除する役割も担った。関東大震災のおり、『教育勅語』が暗唱できるかどうかが日本人と朝鮮人との識別に使われ、三〇〇〇人とも言われる朝鮮人虐殺にも利用された。

なお、『教育勅語』が学校で聖典として猛威を振るったにも係わらず、「朕惟わず屁をこいた。汝臣民臭かろう」ともじったり、『教育勅語』最後の締めくくりに朗読される「ギョメイギョジ」を物事の終わりを示す言葉として用いられるなど、教育勅語のパロディ化による庶民のささやかな抵抗はかなり広く存在していた。

［史料］教育に関する勅語（一八九〇年十月三十日）

朕惟ふに、我が皇統皇宗国を肇むること宏遠に、徳を樹つること深厚なり。我が臣民克く忠に克く孝に、億兆心を一にして、世々厥《そ》の美を成せるは、此れ我が国体の精華にして、教育の淵源亦実に此に存す。爾臣民、父母に孝に、兄弟に友に、夫婦相和し、朋友相信じ、恭倹己れを持し、博愛衆に及ぼし、学を修め業を習ひ、以て知能を啓発し、徳器を成就し、進で公益を広め、世務を開き、常に国憲を重じ、国法に遵ひ、一旦緩急あれば義勇公に奉じ、以て天壌無窮の皇運を扶翼すべし。是の如きは独り朕が忠良の臣民たるのみならず、又以て爾祖先の遺風を顕彰するに足らん。

斯の道は、実に我が皇祖皇宗の遺訓にして、子孫臣民の倶に遵守すべき所、之を古今に通じて謬らず、之を内外に施して悖らず、朕爾臣民と倶に拳々服膺して、咸《みな》其徳を一にせんことを庶幾ふ。

明治二十三年十月三十日　御名御璽

（歴史学研究会編『日本史史料4　近代』岩波書店、一九九七年）

近代学校行事と「国民の祝日」

明治憲法下の学校行事の根幹を成したのが、元始祭（正月）・紀元節（建国記念の日）・天長節（天皇誕生日）の三大節行事であった。明治天皇の死後、明治節（十一月三日）が加えられて四大節行事となり、これらの諸行事では、教育勅語の奉読、「御真影」（イタリア人画家キヨソネ作の天皇の肖像画を複製して各学校に下賜したもの）への拝礼、君が代斉唱などの儀式が行われた。

【史料】　小学校祝日大祭日儀式規定（一八九一年）

第一条　紀元節、天長節、元始祭、神嘗祭、及新嘗祭の日に於ては、学校長、教員及生徒一同式場に参集して左の儀式を行うべし。
一、学校長教員及生徒
天皇陛下及
皇后陛下の　御影に対し奉り最敬礼を行い且
両陛下の万歳を奉祝す。
　但未だ　御影を拝戴せざる学校に於ては本文前段の式を省く。
二、学校長若くは教員、教育に関する　勅語を奉読す。
三、学校長若くは教員、恭しく教育に関する　勅語に基き
聖意の在る所を誨告し又は
歴代天皇の盛徳　鴻業を叙し若くは祝日大祭日の由来を叙する等其の祝日大祭日に相応する演説を為し忠君愛国の士気を涵養せんことを務む。

四、学校長、教員及生徒、其祝日大祭日に相応する唱歌を合唱す。
第二条〜第四条〔略〕
第五条　市町村長其他学事に関係ある市町村吏員は成るべく祝日大祭日の儀式に列すべし。
第六条　式場の都合を計り生徒の父母親戚及其他市町村住民をして祝日大祭日の儀式を参観することを得せしむべし。
第七条　祝日大祭日に於て生徒に茶菓又は教育上に裨益ある絵画等を与ふるは妨なし。
第八条〔略〕
（前出『日本史史料4　近代』）

戦後の国民の祝日について永六輔氏が言及したことがある。
「ひょっとすると、あったと思っていたものがなくて、ないと思っていたものがあるというのは、われわれにとって無関係じゃないんじゃないか。そんなことを思います。たとえば、ついこのあいだ、建国記念の日がありましたよね。名前はかわっていますが、昔の紀元節です。実は国民の祝日はほとんど皇室の行事と関わっています。たとえば、勤労感謝の日は新嘗祭でしたし、文化の日は明治節（明治天皇誕生日）の日です。昭和天皇の誕生日だった『みどりの日』はもちろんです。つまり、天皇制が、こういうところでしたたかに生きつづけている。ないはずのものがあって、あるはずのもの――民主主義であれ、平等であれ自由であれ――がな

い」（永六輔「重箱の隅を突っ付いて見る」岩波書店編集部編『戦後を語る』岩波書店、一九九五年）

つまり、これら皇室に関係ある祝祭日は、「〜の日」という婉曲な表現に変わって、戦後も復活しているのである。現在の「国民の祝日」と戦前の祝祭日の関係を示すと以下のようになる。

	戦前	現在
一月一日	元旦	元旦
一月の第二月曜日	—	成人の日
二月十一日	紀元節	建国記念の日
春分（三月）	（春分）	春分の日
四月二十九日	天皇誕生日（昭和）	みどりの日
五月三日	—	憲法記念日
五月五日	（桃の節句）	子どもの日
七月二十日	（海の記念日）[註1]	海の日
九月十五日	—	敬老の日
秋分（九月）	（秋分）	秋分の日
十月の第二月曜日	—	体育の日
十一月三日	天皇誕生日（明治節）	文化の日
十一月二十三日	新嘗祭（大嘗祭）	勤労感謝の日
十二月二十三日	—	天皇誕生日

なお、戦後のA級戦犯を裁いた東京裁判の起訴は一九四六年四月二十九日、開廷が五月三日、判決が一九四八年十一月十二日、東条英機ら七名の死刑が執行されたのが十二月二十三日であった。もちろんこれも、偶然とはいいがたい。(註2)

(註1) 明治天皇が東北・北海道巡幸から、軍艦で横浜に帰着した日を記念し、一九四一年に設置。

(註2) 一九九〇年十一月十二日は、現在の明仁天皇の「即位の礼」が行われている。

国定教科書への道

近代産業が十分に発達していない社会にあって、大量の需要が見込める教科書産業は花形産業の一つであった。日本の産業史を見ると、その時期の花形産業を舞台に汚職事件がおこっている場合がいかに多いことか。

一九〇二年、香川県書記官が官吏収賄容疑で拘束され、教科書会社金港堂取締役も贈賄証拠隠滅の疑いで拘留された。翌年には滋賀県視学官、愛知県視学官、青森県知事、島根師範学校長、兵庫県御影師範学校長なども同様の嫌疑で逮捕された。

当時、小中学校で使われる教科書については、文部省の検定審査を経て供せられる仕組みになっていたが、この検定を握る文部省の官吏に対する業者の接待攻勢には凄まじいものがあった。

一九〇一年五月七日に文部省図書審査官に任官したばかりの喜田貞吉のところにも、業者からさまざまな誘惑がかかっている。喜田の先輩の紹介状を持ってやって来たある業者は、喜田に教科書執筆の話を持ちかけてきた。喜田が「五年後か十年後か、……その時には君の社から出してもらってもよろしかろう」などとあいまいに答えると、業者の運動員は、「ついては約束の出来ましたしるしまでに、手前の社の慣例によりまして……」と目下検定出願中の教科書の事には一言も触れずに、水引のかかった金一封を懐から出してきた。喜田は事の重大さに気がついてこれを固辞したが、「それを納めていただかねば、他社との競争が恐ろしく、社として安心が出来ませぬ」と業者に粘られたという。

また、ある日喜田が勤務を終えて自宅に戻ると、玄関の土間にビールの三ダース入り箱が三つも積み上げてあった。家人に訊ねると、某社からの届け物だという。喜田は業者にこれを引き取らせるのだが、許認可権を握る審査官に対する業者の接待としてこの程度は日常化していた。したがって、教科書疑獄の発生にも、喜田はさもありなんという感想を残している。

(喜田貞吉『六十年の回顧』私家本、一九三三年)

さて、教科書疑獄を教科書国定化の好機ととらえた菊池大麓文相は、議会に根強かった自由採択論を押さえ込み、勅令によって小学校教科書国定化に道を開いた。おりしも日露開戦を前にして、より強力な国民統合が求められていた政治的・社会的事情も見逃せない。

［史料］ 教科書国定に就て（抄）

（一九〇三年六月六日、貴族院幸倶楽部、菊池大麓文相演説より）

〔……〕自由採択に対して最も強い議論と思うのは、今日の審査会員が相応に地位もあり、学識もある者であるのに、猶今日の如き醜聞がある。況んや全国幾万の小学校長教員に対して書肆が運動を行ったならば、如何なる弊が現れるかも知れない。是は実に恐るべきことである。自由採択制度にする結果は、今日よりはもっと甚だしく醜聞が広く広がると云う虞があると云うことは明かなことであると云うのが、一の心配なり。当局者は、全国数万の小学校長職員を、彼れ悪魔の如き教科書肆運動者の誘因の衝に当らしむることは忍び能はざることなり。

今回の事件に於て最も嘆ずべく最も恐る可き結果は生徒が校長教員に対する信仰、敬服の念を失い、為めに大いに教育の効果を減少するの一事なり。若し此醜聞が全国小学校に広まるに於ては其害や実に恐るべき極ならずや。

〔……〕要するに此自由採択法は是は到底採用したならば今日の弊よりももっと酷い弊を必ず生ずることと信ずる。私はどうしてもこの自由採択法に依ることは出来ないと信ずる。

〔……〕ご承知の如く、昨年の冬に至りて審査会に関する収賄の証拠の手掛りが付き、家宅捜索となり、終には充分なる証拠が挙ってご承知の如く多数の者が検挙になると云う次第になった。是は甚だ不祥な事であるけれども、多年の積弊を一掃するに於ては、誠に好時機であると認め、又豫て私の是非実行しなければならぬと思って居った国定の議は、此際一日も猶予すべからざるものであると考え、教科書国定の議を直に閣議に提出して同意を得た。〔……〕
第一、私は小学校教科書の或るものは性質上国定にすべきものであると云う考えを有って居る。殊に修身書の如きものは、無論国定にならなければならぬものであると考える。已に之に就いては貴族院の建議もあり、又衆議院の建議もあり、輿論は一致して居る所だと考える。それから読本と地理、日本歴史と云うものも、矢張之に関係のあるものである。是等の教科書は総て国体に関係の有る所のものであることは喋々する必要がない。
〔……〕詰り内容の方から言っても、無論国定にする方が、然るべきであると考える。
（寺崎昌男・久木幸男監修『教科書国定化問題論纂』大空社、一九九六年）

「南北朝」改め「吉野朝」に

改正小学校令（一九〇三年）で小学校教科書が国定となり、喜田貞吉の身分は文部省国定教科書編輯官となった。喜田は南北朝時代の叙述にあたって、従来の『大日本史』に依拠した南朝正統の立場をとらず、両朝の天皇を並立させて叙述した。この教科書が使用されはじめた一九〇三年にも、またその後の改訂でも誰も問題にしなかったのだが、一九一一年一月九日頃から、「北朝を認めることは国体上問題」と新聞紙上で問題にされ始めた。

おりしも一月十八日には大逆事件の判決があり、「喜田は幸徳（秋水）の一派で、国体を破壊し、国家の転覆を図るべく永遠の計画をもって、まずその思想を小学児童に植えつけんとするもの」という悪質なデマまで流れ、問題は一挙に大きくなった。

結局、喜田は職を罷免され、後任には重田定一広島高等師範学校教授が招かれて、教科書は早速改訂することとなった。喜田が記した「南北朝」という名称はその後「吉野朝」と変えられ、南朝を正統とした教科書叙述がなされるようになった。これを南北朝正閏（せいじゅん）問題という。

史料は当時の小松原文相が桂首相に事態収拾を提案している書簡である。

【史料】南北朝正閏問題（抄）（一九一一年七月二十六日）

所謂北朝の天皇は足利尊氏の擁立したる天皇と記し候こと故、大義名分は相立候様に存ざれべく候へ共、一々の場合に尊氏擁立云々繰返々々相記し候事も困難に付、其後往々何々天皇と記さざるを得ざることに相成、万世一系天に二日なき大義と相容れざることと相成様存ざれ候間、北朝の方は『大日本史』等の例に従い、何院と記し（例えば光厳院光明院の如し）、正統の天皇と区別する方然る可く哉と存じ候。又南北朝を記載するに就いては、吉野を南朝と云い、京都の方は偽朝と記し、京都の偽朝を北朝と云うと記すの外之無き歟と存じ候。

然らざれば同時に二朝廷あるが如く相見え大義名分相立ち難く哉と存じ候。尤も別紙書類は柴田書記官長へも相廻し、次の内閣会議日までに篤と考究致し呉候様依頼仕置き候。右の件は教科書印刷準備等之都合も之有り、急に決定を要する義に御座候間、何卒次の会議日に御決定相成り度く願い奉り候。

（桂太郎首相宛て小松原英太郎文相書簡「桂太郎関係文書二九―一」歴史学研究会編『日本史史料4　近代』岩波書店、一九九七年）

軍国主義教育とは――戦時下の修身・国史教科書

戦時下の教科書は天皇を神聖視し、日本を世界の中心に据えて、世界をひとつに統合するという「八紘一宇」の精神にのっとり、日本の領土拡張を正当化する大東亜共栄圏建設を戦争発動の正当化に使った。このため、天皇のために死ぬこと、言い換えれば国家のために自己を犠牲とする大和魂が重視され、死が美化された。さらに戦争の英雄を理想化したり、武士道精神を折りこみつつ、孝行よりも忠誠心、とりわけ天皇への絶対的服従が繰り返し説かれていた。その論旨の原型は、すでに『国體の本義』（一九三七年）のなかにも明らかである。［史料］はいずれも、当時の教科書から戦時色の強い部分を抽出したものである。

〔史料〕『修身』教科書から

〔……〕大日本は、昔から一度も外国のために国威を傷つけられたことがありません。これはまつたく御代御代の天皇の御稜威のもとに、私たちの先祖が、きはめて忠誠勇武であつたことによるのであります。〔……〕日本臣民中、満十七歳から満四十歳までの男子は、みな兵役に服するの義務があります。

（『初等科修身巻四』一九四三年版）

〔……〕今や、大陸から南方へかけて東亜の民族や国々は、わが大日本を中心として一体となり、またひろく世界の人々もやうやく目ざめて、わが国のめざすところにならはうとしてゐます。〔……〕

（『初等科修身巻三』一九四三年版）

尊厳たぐひなきわが皇国を擁護し、八紘為宇の皇謨を顕揚して東亜共栄圏を確立し、世界の平和に貢献することは、実にわが国に課せられた尊い使命である。しかして、国土を防衛して皇国の存立と威信とを保全し、東亜を安定して東亜共栄の実を挙げ、肇国の精神を宣揚して世界新秩序を建設し、この高遠な皇国の使命を達成するためには、国防力の充実強化が絶対に必要である。〔……〕我が陸軍は、北に南に戦果を拡充して大東亜の鎮めとなり、また無敵のわが海軍の威容は堂々として四海を圧し、陸海の将兵また見敵必勝の信念にもえて忠誠武勇、よく国防の重きに任じてゐる〔……〕そもそも国家あるところに軍備があり、軍備があるところに兵役がある。されば兵役に服して国防の重きに任ずることは、国民たるものの重大な義務であるとともに、至上の名誉である。〔……〕

（『青年修身公民書巻二』本科五年制用、一九四四年版）

〔史料〕『國史』教科書から

〔……〕米国の東亜に対する欲望は、さきに、ハワイやフィリピンを手に入れてから、急に高まつてきました。日露の講和に仲立ちしたことを恩にきせて、満洲に勢力を延ばそうとさへしました。しぜん、わが国との関係は、しだいに曇りを生じて来ました。すると、英国もまた、米国に気がねして、わが国をうとんじ始めました。〔……〕

昭和十六年十二月八日、しのびにしのんで来たわが国は、決然としてたちあがりました。忠誠無比の皇軍は、陸海ともどもに、ハワイ・マライ・フィリピンをめざして、一せいに侵攻を開始しました。〔……〕今度の合戦、天下の安否と思へば、今生にて汝が顔を見んこと、これを限りと思ふなり。〔……〕敵寄せ来らば、命にかけて忠を全うすべし。これぞ汝が第一の孝行なる。〔……〕

（『初等科國史下巻』一九四四年版）

植民地民衆と在外邦人の戦争動員

明治国家の国民統合を勅諭に見ると、軍人にはまず竹橋事件後に起草された『軍人訓誡』（一八七八年）があり、これはのち西周起草の『軍人勅諭』（一八八二年）として徹底された。一般国民向けには日露戦後の第二次桂内閣の時期に、平田東助内相を中心に地方改良運動が推進され、利己主義・享楽主義を戒め、国民を善導する方針で『戊申詔書』（一九〇八年）が発せられている。これはのち関東大震災直後の『国民精神作興に関する詔書』（一九二三年）や、日中戦争期に文部省が編纂した『国体の本義』（一九三七年）、太平洋戦争期に文部省教学局が発行した『臣民の道』（一九四一年）などの雛型となった。

また児童・生徒向けには前出の『教育勅語』（一八九〇年）があったが、総力戦体制の必要から植民地人民・学童向けの平易なものが必要となり、新たに「皇国臣民の誓詞」や「皇国臣民の誓い」が考案され、植民地教化に利用された。

【史料】 皇国臣民の誓詞（一九三七年）

一、我等は皇国臣民なり、忠誠以て君国に報ぜん。
二、我等皇国臣民は互いに親愛協力し以て団結を固くせん。

三、我等皇国臣民は忍苦鍛練力を養い以て皇道を宣揚せん。

【史料】皇国臣民のちかい（一九三七年）

一、私共は大日本帝国の臣民であります。
二、私共は心を合せて天皇陛下に忠義を尽します。
三、私共は忍苦鍛練して立派な強い国民となります。
（ともに、永原慶二『皇国史観』岩波書店、一九八三年）

なお、次に掲げる【史料】「海外同胞訓」および「海外同胞の誓い」の典拠となった『華南商工人名録』（以下『人名録』と略す。一九四三年）は、国際情報社広東支局が一九四二〜三年に広州で行われた調査をもとに作成した人名録で、香港在住の米国人学者が所蔵していた物を、筆者が確認した新史料である。

『人名録』はA５判で広告ページを含めて七九六ページ。中国の広州および香港に事業所をおく日本企業約八〇〇社と、汪精衛政権下にあった広州の華人企業約四〇〇〇社以上、これに広州にある日本総領事館・警察・同業者組合などについての記載があり、合計は約五〇〇〇社（団体）以上に及ぶ。

これらの企業・団体のうち、日系企業については現地での創業年月日・資本金・取引銀行・所在地・支点網・業態・従業員名とその職位・出身県・自宅住所・電話番号を記載しており、東アジアと東南アジアをつなぐ物流の要衝であった広州・香港における《大東亜共栄圏》づくりの実相が詳細に見てとれる。

中国史書でこの時期は『抗日戦史』として記されており、日本側も『戦記』の形をとる場合が多いため、政治・社会・文化の実相に迫るものは少ない。本書では同書の冒頭に掲げられた未見の『海外同胞訓』『海外同胞の誓い』に注目して紹介したが、『人名録』の価値はむしろ戦時下華南の経済実態解明の基礎史料という点にあり、当地の「大東亜共栄圏」づくりに奔走した軍部と、これに結託して南方進出を果たした受命企業や、生きるためにやむなくこれに協調した華人社会の動向を知るうえで興味深いものがある。

[史料] **海外同胞訓**（一九四三年?）

大日本は皇国なり。万世一系の天皇しろしめ給ひ聖徳四海を蔽ひ皇恩天地に洽し、我等臣民は祖先より皇国の道義を昂揚し以て国運の隆昌を効せり、海外同胞は八紘為字に理想を顕現し彼我長短相補ひ苟くも独善に陥らず排他に馳らず共存共栄を図らざるべからず。海外同胞は須く雄渾海外同胞は宜しく君民一体の本義を微し忠孝両全の美風を宣揚し以て天業を翼賛し奉るべし。

［史料］ 海外同胞の誓（一九四三年？）

一、我等は皇国の臣民なり、敬神崇祖以て皇恩に報せん。
一、我等は皇国の使節なり、滅私奉公以て肇国の理想を顕現せん。
一、我等は皇国の海外代表者なり、一致団結以て国威を発揚せん。
一、我等は皇国発展の先駆者なり、堅忍持久以て使命を遂行せん。
一、我等は世界新秩序の建設者なり、実践躬行以て栄誉を全うせん。

（国際情報社広東支局『華南商工人名録』一九四三年）

戦後日本教育史とナショナリズム

軍国教育の一掃

先の教科書国定化論議でも見てきたように、修身・日本歴史・地理は国体意識の形成に深く関わり、侵略戦争を遂行する国民意識の形成に大きく寄与してきた。

ＧＨＱはマッカーサー勅令「修身・日本歴史・地理停止に関する件」をもって、このような誤った国体観念を払拭させるため、当面の修身・日本歴史・地理の授業を停止させ、偏狭な国家主義、民族主義を排除した新教材の編集を命じた。

また、翌一九四六年にはアメリカ教育使節団が来日し、日本の教育現場を視察し、教師・生徒・父兄はもとより、教育行政担当者から天皇にいたる人々にモニターしたうえで、日本政府に戦後の教育民主化の指針となる「アメリカ教育使節団報告」を指示した。その報告は一九四六年三月三十一日に出され、その内容は「序論・日本の教育の目的及び内容・教授法および教師養成教育・成人教育・高等教育」などから構成されていた。ここでは『修身』を国家主義・民族主義と切り離した形で容認し、『地理』『日本歴史』における神話の取り扱いについても、歴史的史実と切り離すことを条件に、これを容認するにとどまっている。
なお、一九五〇年九月二十三日には第二次アメリカ教育使節団の報告書もあり、成人教育（社会教育）についての勧告が行われた。

【史料】修身、日本歴史及び地理停止に関する件（抄）

一、昭和二十年十二月十五日付指令第三号、国家神道及び教義に対する政府の保障と支援の撤廃に関する民間情報教育部の基本的指令に基き、且つ日本政府が軍国主義的及び極端な国家主義的観念を或る教科書に執拗に織込んで生徒に課し、かかる観念を生徒の頭脳に植込まんが為めに、教育を利用せるに鑑み、茲《ここ》に左の如き指令を発する。

イ、文部省は曩《さき》に官公私立学校を含む一切の教育施設に於いて使用すべき修身、日本歴史及び地理の教科書及び教師用参考書を発行し、又は認可せるもこれら修身、日本歴史及び地理の総ての課程を直ちに中止し、司令部の許可ある迄、再び開始せざること。

ロ、文部省は修身、日本歴史及び地理夫々《それぞれ》特定の学科の教授法を指令する所の一切の法令、規則、又は訓令を直ちに中止すること。（ハ、ニ、略）

ホ、文部省は本覚書付則（ハ）に摘要せる措置に依り、修身、日本歴史及び地理に用うべき教科書の改訂案を立て、当司令部に提出すべきこと。〔……〕

（一九四五年十二月三十一日、GHQ参謀副官覚書）

【史料】第一次アメリカ教育使節団勧告――日本の教育の目的及び内容――（部分）

高度に中央集権化された教育制度は、仮にそれが極端な国家主義と軍国主義の網の中に捕へられてゐないにしても強固な官僚政治にともなう害悪を受けるおそれがある。教師各自が画一化されることなく、適当な指導の下に、夫々の職務を自由に発展させるためには、地方分権化が必要である。かくするとき教師は初めて、自由な日本国民を作り上げる上に、その役割を効しうるであらう。〔……〕

日本の教育では独立した地位を占め、かつ従来は服従心の助長に向けられてきた修身は、今までと異なった解釈が下され、自由の国民生活の各分野に行き渡るやうにしなくてはならぬ。平等をうながす礼儀作法、民主政治の協調精神、及び日常生活における理想的技術精神、これらは、皆広義の修身である。これらは、民主的学校の各種の計画及び諸活動の中に発展させ、かつ実行されなくてはならない。／地理及び歴史科の教科書は、神話は神話として認め、そうして従前より一層客観的な見解が教科書や参考書の中に現はれるやう、書き直す必要があらう。初等中級学校に対しては地方的資料を従来より一層多く使用するやうにし、上級学校においては優秀なる研究を、種々の方法によって助成しなくてはならない。〔……〕

（一九四六年三月三十一日、GHQ参謀副官発第三号、民間情報教育部、終戦連絡中央事務局経

由日本政府に対する覚書)

戦後教科書会社の出発

[史料]は一九四五年十月十三日に来日し、GHQのCI&E(民間教育情報局)教育課で教科書及びカリキュラム担当将校として日本の教育民主化を指導したハーバード・J・ワンダーリックの学位論文『日本の教科書問題と解決――一九四五~四六年』の邦訳(土井ゲーリー法一監訳・広橋洋子ターカー・佐藤郁子・中丸慈共訳)から、ワンダーリック在任時にも戦前・戦中の延長線で引き継がれていた国定教科書の印刷・供給システムについて報告している部分を抽出したものである。

戦後、[史料]にみえる東京書籍・大阪書籍・日本書籍の三社は教科書出版社として再出発し、戦前から検定教科書を出版していた三省堂・冨山房・帝国書院なども教科書出版部門を復活・強化して再出発した。また、新たに教育出版・二葉・光村図書・大日本図書などが教科書出版社として参入した。このほか実業学校教科書が実教出版に、中等学校教科書が中教出版、青年学校教科書株式会社が教育図書として再出発した。

［史料］ 戦前の国定教科書の印刷工場と供給区域

◆文部省と契約を結んだ七社の民間印刷工場が、（文部省）教科書局で編集された学校用の教科書を発行した。その七社の印刷工場とは以下の通りである。

1．小学校

日本書籍株式会社　東京都小石川区ヒサカタ町一〇八

東京書籍株式会社　東京都王子船堀町一丁目八五七

大阪書籍株式会社　大阪府ツモリ町ニチナリ区〔原文のママ〕五九六

大日本図書株式会社　a／c大日本印刷株式会社

東京都牛込区市ヶ谷カガヤ町一丁目十二

2．中等学校

中等学校教科書株式会社　東京都神田区岩本町三

3．師範学校および青年学校教師のための師範学校

師範学校教科書株式会社　東京都神田錦町一丁目十六

4．青年学校

青年学校教科書株式会社　東京都神田岩本町一

◆〔……〕明治時代の初めに学制が交付され、学校制度が固定化されたのを機に、文部省は明治四（一八七一）年から教科書の編集を開始した。義務国定教科書も検定教科書も使われることはなかった。各府県知事は、その地域の学校で使用する教科書を選ぶことができた。明治九（一八八六）年には、文部省が、民間によって発行された教科書の検定制度を採択した。教科書検定に際して贈収賄事件が起こり、それを契機として明治三六（一九〇三）年、国定教科書制度が導入されるようになった。修身・国語課本・日本歴史・地理・算術・図画の教科書が最初に国定教科書として作られた。国体精神教化の道具としての教科書の国家支配を強めるという政治的要求が高まり、一九一八年に文部省が小学校・中等学校・師範学校の教科書編纂に携わるようになり、民間会社が契約によってそれらを発行した。先に挙げた七社の印刷工場には、国定教科書販売の供給区域が独占的に決められていた。著作権は文部省にあった。〔……〕

◆各小学校教科書發行会社ノ供給地域

A、北海道庁・青森県・岩手県・宮城県・秋田県・山形県・福島県・茨城県・栃木県・東京府・新潟県・富山県・石川県・長野県

B、埼玉県・千葉県・神奈川県・福井県・山梨県・岐阜県・静岡県・愛知県・三重県・滋賀県・京都府・鳥取県・島根県・岡山県・広島県・山口県・福岡県・熊本県・大分県・宮崎県

C、大阪府・兵庫県・奈良県・和歌山県・徳島県・香川県・愛媛県・高知県・佐賀県・長崎県・鹿児島県・沖縄県

◆供給地域：
全県：大日本図書株式会社（国民学校芸能科音楽及裁縫・実業科農業・商業及外国語教科用図書）
A地域：日本書籍株式会社（大日本図書株式会社が供給する以外の教科書）
B地域：東京書籍株式会社（大日本図書株式会社が供給する以外の教科書）
C地域：大阪書籍株式会社（大日本図書株式会社が供給する以外の教科書）〔以下略〕
（H・J・ワンダーリック『占領下日本の教科書改革』東海大学出版会、一九九八年）

「新教育勅語」論議

第五章の「教育勅語失効す！」で詳述したので、多くをふれないが、戦後の民主社会にあわせて、国民道徳の指針を『新教育勅語』として昭和天皇に下賜してもらうよう奏請する動きがあった。これはマスコミをはじめとする世論の猛反発にあって頓挫するが、民間では『京都勅語』なる試案まで作られている。（第五章「教育勅語失効す！」参照）

ここでは、当時のマスコミの反対意見として、読売報知新聞と、朝日新聞の社説の要旨を紹介する。

［史料］ 教育再建を阻むもの

文部省田中学校教育局長はさる二十一日全国教学課長会議において現在の思想的危機に対して教育者の向うべき方向を指示し、「戦時中の軍国主義、超国家主義はそれが間違いであるにせよ、間違いなりに秩序があった。今日においてはそれがなく思想的社会的混乱を来している」と断じ、これにたいして、「正しい道徳的秩序の確立を希望」している。〔……〕田中局長は世界観の自由を強調しているが、教育勅語に対する批判を排し、これを一種の自然法であるとして、これに従うべきことを公職者の立場として強調することは、健全な常識の立場からみれば、これすでに一種の世界観の強制ではなからうか。〔……〕君臣の義、父子の情というようなものを最高の原則として、他をこれに従属させる道徳体系は単なる自然法と見るべきでなく、封建的なじゅ教〔儒教〕の立場であり、民主主義の立場から歴史的に審判さるべき立場であることは、少しでも歴史的にものを考えるものにとっては自明のことであると思う。〔……〕

反動勢力がいかに深く文部省内に巣くっているかを示す一例として、最近の一事実を伝えておきたい。

それは文部省内において、公職不適格者名簿作成の衝に当っているのが終戦まで教学局思想課長の任にあり憲兵隊、警視庁と連絡をとって進歩的な学者、教育者、文化人の弾圧に腕を振るった小沼某だということである。その結果はまだ公表されていないが、小沼自身が名簿に載せられないことだけはほぼ推察される。これによっても、文部省の首脳が若干入れ替ったとしても、省内の民主化が決して十分でないことは明らかである。〔……〕
（『読売報知新聞』一九四六年二月二十四日、社説）

【史料】 勅語渙発説を斥く

政府部内に、現在の教育勅語に代る、新教育勅語渙発論が台頭していると伝えられる。〔……〕現在の日本人が、再建の大義を果たすために、道徳の基準を求めていること、他力本願の習性に慣らされてきた教育者が聖典を失わんとして、困惑していることは共に事実であろう。しかし〔……〕政府が国民道徳の基準乃至は文教の指導原理を、天降り的に付与しようとするのは、おかしなことである。政府の憲法草案に盛られた、進歩的思想が借りものに過ぎず、現内閣の本質が「旧秩序護持」そのものであるという証拠がここにも露呈したといえるのである。〔……〕

政治的機構を、外から与えられることは、忍ぶことを余儀なくせられるとしても、国民精神の内容までをも配給されることは、忍ぶことはできないのである。与えられた道徳基準とか、文教指導原理とかいうものは、一つの呪文の役には立つかも知れないが、断じて民族の発展に貢献する、はたらきをなすものではない。〔……〕
（『朝日新聞』一九四六年三月二十日、社説）

教育勅語等排除・失効に関する決議

敗戦後の民主化により、憲法など諸法制の改正が進み、『教育勅語』をはじめとする明治国家の指導理念は、もはや時代にそぐわないものとなった。しかし、一九四七年三月の教育基本法制定以後も、これと矛盾する『教育勅語』は、従来のような取り扱いこそされないものの、しぶとく生き残り続けた。

ここに紹介する「教育勅語等排除に関する決議（衆議院）」「教育勅語等の失効確認に関する決議（参議院）」は、GHQの指令を受けて、一九四八年六月十九日に衆参両院で同日に決議された。『教育勅語』の法的失効を確認したもので、それぞれに特徴があり、衆議院のそれは、参議院の「失効確認」に比べ、明確に「排除」というより強い表現を使い、決議文中で「これらの詔勅の根本理念が主権在君並びに神話的国家観に基づいている点は明らかに基本的人権を損い且つ国際信義に対して疑点を残す」と、より積極的立場に立っている。いっぽう参議院のそれは、教育勅語以外の『軍人に賜りたる勅諭』『戊申証書』『青少年学徒に賜りたる勅語』などの詔勅も無効であることをあわせて宣言している。

【史料】 教育勅語等排除に関する決議（一九四八年六月十九日、衆議院可決）

民主平和国家として世界史的建設途上にあるわが国の現実は、その精神内容において未だ決定的な民主化を確認するを得ないのは遺憾である。これが徹底にもっとも緊要なことは、教育基本法に則り、教育の革新と振興をはかることにある。しかるに既に過去の文書となっている教育勅語並びに陸海軍軍人に賜りたる勅諭その他の教育に関する諸詔勅が今日もなお国民道徳の指導原理としての性格を持続しているかの如く誤解されるのは、従来の行政上の措置が不十分であったがためである。

思うにこれらの詔勅の根本理念が主権在君並びに神話的国家観に基づいている事実は、明かに基本的人権を損ない、且つ国際信義に対して疑点を残すもととなる。よって憲法第九十八条の本旨に従い、ここに衆議院は院議を以て、これらの詔勅を排除し、その指導原理的性格を認めないことを宣言する。政府は直ちにこれらの詔勅の謄本を回収し、排除の措置を完了すべきである。

右決議する。

【史料】教育勅語等の失効確認に関する決議（一九四八年六月十九日、参議院可決）

われらは、さきに日本国憲法の人類普遍原理に則り、教育基本法を制定して、わが国家およびわが民族を中心とする教育の誤りを徹底的に払拭し、真理と平和とを希求する人間を育成する民主主義的教育理念をおごそかに宣明した。その結果として、教育勅語は、軍人に賜りたる勅諭、戊申証書、青少年学徒に賜りたる勅語その他の詔勅とともに、既に廃止せられその効力を失っている。

しかし教育勅語等が、あるいは従来の如き効力を今日なお保有するかの疑いを抱く者あるとおもんぱかり、われらはとくにそれらが既に効力を失っている事実を明確にするとともに、政府をして教育勅語その他の諸詔勅の謄本をもれなく回収せしめる。

われらはここに、教育の真の権威の確立と国民道徳の振興のために、全国民が一致して教育基本法の明示する新教育理念の普及徹底に努力を致すべきことを期する。

右決議する。


しかし、法的失効が宣言されたのちも為政者の『教育勅語』への郷愁は消えなかった。勅語失効が確認されて二年半も経たない一九五〇年十一月四日には、広島県私学祭に出席した天野文部大臣が広島駅頭で「君が代のせい唱に続いて、教育勅語に代るべきものがあった方がいいと思う。何か国民の教育や道徳の規準となるべきものが必要だと最近とくに感じている」(『朝日新聞』一九五〇年十一月四日)と発言し、物議をかもした。

次に紹介した天野文部大臣の見解には、『朝日新聞』が社説「道徳教育の在り方」でただちに反論をおこなった。だが、最近の森首相発言も含めて、日本の保守政治家の一部に、いまだに『教育勅語』を高く再評価する考え方があり、これが脈々と継承されて今日にいたっている。

［史料］天野文相「わたしはこう考える」

人間は生きていくためには何等かの意味において日々の行為の則るべき規準を持たなければならない。〔……〕教育勅語は明治二十三年以降約六十年間われわれ日本人にそういう道徳的規準を与えていたのであります。日本人は何人といえども教育勅語を骨の髄まで浸透せしめ、ここに生きゆく道の道標を見出していた。少くともそう考えていたのであります。

しかるに勅語がその妥当性を失うこととなった今日、そこに何か日本人の道徳生活に対して一種の空白が生じたような感じを抱く者が決して少なくない。教育勅語にふくまれる主要な徳目は今日といえども妥当性を有つものであって「父母ニ孝ニ兄弟ニ友ニ夫婦相和シ朋友相信ジ恭倹己ヲ持シ博愛衆ニ及ホシ学ヲ修メ業ヲ習ヒ以テ知能ヲ啓発シ徳器ヲ成就シ進テ公益ヲ広メ世務ヲ開キ常ニ国憲ヲ重シ国法ニ遵ヒ」というのはそのまま現在もわれわれの道徳的規準であります。

〔……〕ひるがえって考えてみるに、この種のものが知識人にとって不必要だとしても、一般人にとってはやはり何か心の拠りどころとして必要だとも考えられはしないか。こうわたくしは反省してみました。すくなくともこれが在ってわるいとは考えられない。〔……〕

（『朝日新聞』一九四八年十一月二十六日、学芸欄）

［史料］道徳教育の在り方

ちかごろ、教育勅語のような道徳教育の基準になるものが欲しいとか、修身科を学校教育に復活させたいというような希望なり、意見なりが、政治や教育に直接責任のある人々の口から伝えられて、論議の的となっている。

〔……〕勅語にはなるほどいまなお守らねばならない道徳上の教えもあるが、問題はそれのもつ基本的思想と、もう一つはそれが文字の行列にすぎなかったところにある。そのよい面にしても、それを学校で暗記させ、式場で読み上げるだけでこと足れりとしていたのではなかったか。教育勅語とならんでかつては軍人勅諭というものがあった。それを丸暗記させられた軍人がどういうふうであったかは、国民が一番よく知っている。

〔……〕先生たちがなにか道徳教育の「よりどころ」となるものを求めている気持ちがわからぬではない。実際のところ、民主社会にこうあるべき人間像というものは、今日の社会にはっきり描きだされているとはいえない。〔……〕いま道徳教育に求められているのは、そういう高いものではなくて、本当に我々が共同社会をいとなんでいく上に、またそれをより幸福なものに築いていくために、どうしてもなくてはならない心構えなのである。〔……〕

いうまでもなく、道徳教育は学校だけの問題では決してない。就学前の幼児から正しいしつけがなされなければならないし、学校でいかに道徳が教えられようとも、社会がこの教えに背反していては効果は殺される。正直者が損をする社会があるのでは、正直であれという学校の教えが何にもならないことにもなる。つまり道徳教育は、修身科を設けることで簡単にすむものではなくて、社会と学校と家庭とが力を合わせることによって、はじめて目的が達せられることを強調したいのである。
(『朝日新聞』一九五〇年十二月一日、社説)

戦後教科書攻撃の源流——うれうべき教科書の問題

一九五一年のサンフランシスコ講和や安保条約をめぐる対立から左右に分裂した社会党は、その後労働組合の支援を得て、選挙のたびに議席を増大させ、五五年の衆議院総選挙では両派合わせて三分の一の改憲阻止議席を獲得し、同年十月再統一を果たした。これに危機感を抱いた財界は、保守政界の統一を強く要請した。翌月、日本民主党と自由党の保守合同がなり、自由民主党が結成された。

ここに自社両党による一九五五年体制が成立したわけだが、自民党の前身の一つである日本民主党は、五五年春から「うれうべき教科書の問題」というパンフレットを三回にわたって発行して、民主主義と人権を謳歌した戦後の教科書づくりを攻撃しつづけてきた。

【史料】うれうべき教科書の問題

〔……〕第二十二回国会で、衆議院の行政観察特別委員会が、いわゆる教科書関係事件を取り上げ、教科書をめぐる諸問題を、いろいろな方面から調査してきた。いまや、日本の教育が、国民の気のつかないところで、教科書を通じて、くずれ去りつつあることが、あきらかにされた。

〔……〕この小冊子は、衆議院の行政観察特別委員会の会議録にあらわれた諸事実と、それを中心になされた調査の、概括的な、さいしょの報告書である。われわれは、ひき続いて、この教科書問題を、より詳細にほりさげ、憂慮すべき教科書のすがたを、ひろく国民につたえたいと思う。

昭和三十年八月十日　日本民主党教科書問題特別委員会

〔……〕

第二部　教科書にあらわれた偏向教育とその事例

一、教科書にあらわれた四つの偏向タイプ

よもや、と思われることであるが、不幸なことに、今の教科書は、さきにかいた「取り引き」とともに、おそるべき偏向におかされている。それは、世のなかでは「赤い教科書」の出現といっているものである。

これらの教科書は、おもに、日教組の講師団に属する学者先生たちによってかかれているのだという。〔……〕日教組の講師団に属する学者たちのかいたもの、また編著作した教科書には、つぎの四つのタイプがある。

すなわち、第一は、教員組合運動や日教組を無条件に支持し、その政治活動を推進するタイプ。／第二は、日本の労働者が、いかに悲惨であるかということをいい立てて、それによって、急進的な、破壊的な労働運動を推進するタイプ。／第三は、ソ連中共を、ことさら美化し、讃美して、自分たちの祖国日本をこきおろすタイプ。／第四は、マルクス＝レーニンの思想、つまり、共産主義思想を、そのまま、児童たちに植えつけようとしているタイプ、それらの四つのタイプである。

いま、それらの四つのタイプにしたがって、その教科書の内容をいささか紹介する。
二、四つの偏向タイプ
（イ）教員組合をほめたてるタイプ――宮原誠一編の高等学校用『一般社会』〔……〕
（ロ）急進的な労働運動をあおるタイプ――宗像誠也編の中学校用の『社会のしくみ』〔……〕
このような、悪質な、破壊的な、せん動は、この教科書のなかには、いたるところに見えるのである。その点では、さきに挙げた宮原誠一氏の教科書も、同じかたむきの教科書である。

（一九五五年八月十日、日本民主党）


保守の根幹は国家と民族にあるとよくいわれるが、保守合同にあたり、自由民主党の綱領には、改憲と並んで教育改革（教育の国家主義化）が目標に掲げられた。
保守合同を達成した自民党はその後教科書法案を国会に提出するが、野党・世論の激しい反対で審議未了で廃案となった。このため、政府は教科書法案に代わる措置として教科書検定官の大幅増員に踏切った。これにより教科書検定制度は格段に強化され、不合格となる教科書が続出した。この不合格決定がそれぞれの教科書申請本についた六人の検定官のうち六番目（アルファベット順でFになる）の検定官による結果だったため、教科書会社ではこれを「F項パージ」と称し、恐れたのである。このような検定行政に抗して、裁判所に提訴されたのが、のちの家永教科書訴訟であった。

【史料】 自由民主党結党綱領（一九五五年十一月十五日）

（党の性格）
一、わが党は、国民政党である
わが党は、特定の階級、階層のみの利益を代表し、国内分裂を招く階級政党ではなく、信義と同胞愛に立って、国民大衆とともに民族の繁栄をもたらそうとする政党である。〔……〕
（党の政綱）
一、国民道義の確立と教育の改革

正しい民主主義と祖国愛を高揚する国民道義を確立するため、現行教育制度を改革するとともに教育の政治的中立を徹底し、また育英制度を拡充し青年教育を強化する。

体育を奨励し、芸術を育成し、娯楽の健全化をはかって、国民情操の純化向上につとめる。

〔……〕
六、独立体制の整備
平和主義、民主主義及び基本的人権尊重の原則を堅持しつつ、現行憲法の自主的改正をはかり、また占領諸法制を再検討し、国情に即してこれが改廃を行う。〔……〕
（『史料日本史5　現代』岩波書店、一九九七年）

政府が考える良い日本人とは？——期待される人間像

一九六三年六月、荒木万寿夫文相は中央教育審議会（中教審と略す）に対して後期中等教育に関する諮問を行い、中教審は三年後の六六年十月に最終答申をおこなった。この「後期中等教育の拡充整備について」に「別記」として添えられていた文書が、その後長く問題となる「期待される人間像」である。

抽出した［史料］は愛国心に言及した部分だが、個人からはじまり、家庭・社会・国家と重層させていった関係が、何も疑問もさしはさまないままに連結して愛国心に結びつけられる。

そして正しい愛国心として、日本国の象徴たる天皇への敬愛がそのまま日本国への敬愛につながるという乱暴な論理で、国家主義・愛国主義の重要性を振りかざした。

この「期待される人間像」は、憲法・教育基本法の理念に反し、教育を戦前の国家にひきもどすものとして、この答申をまとめた高坂正顕座長ら中教審路線に対する反発が強まったのである。

【史料】期待される人間像（抄）

1．正しい愛国心を持つこと

今日世界において、国家を構成せず国家に所属しないいかなる個人もなく、民族もない。国家は世界において最も有機的であり、強力な集団である。個人の幸福も安全も国家によるところがきわめて大きい。世界人類の発展に寄与する道も、国家を通じて開かれているのが普通である。国家を正しく愛することが国家に対する忠誠である。正しい愛国心は人類愛に通じる。／真の愛国心とは、自国の価値をいっそう高めようとする心がけであり、その努力である。自国の存在に無関心であり、その価値の向上に努めず、ましてその価値を無視しようとすることは、自国を憎むこととともなろう。われわれは正しい愛国心を持たねばならない。

2．象徴に敬愛の念をもつこと

日本の歴史をふりかえるならば、天皇は日本国および日本国民統合の象徴として、ゆるがぬものを持っていたことが知られる。日本国憲法はそのことを、「天皇は、日本国の象徴であり日本国民統合の象徴であって、この地位は、主権の存する日本国民の総意に基づく。」という表現で明確に規定したのである。もともと象徴とは象徴されるものが実体としてあってはじめて象徴としての意味をもつ。そしてこの際、象徴としての天皇の実体をなすものは、日本国および日本国民の統合ということである。しかも象徴されるものは象徴されるものを表現する。もしそうであるならば、日本国を愛するものが、日本国の象徴を愛するということは、論理上当然である。

天皇の敬愛の念をつきつめていけば、それは日本国への敬愛の念に通ずる。けだし日本国の象徴たる天皇を敬愛することは、実体たる日本国を敬愛することに通ずるからである。このような天皇を日本の象徴として自国の上にいただいてきたところに、日本国独自の姿がある。

（一九六六年十月三十日文部大臣宛て中央教育審議会答申『後期中等教育の拡充整備について』別記）

家永教科書検定訴訟

三十年以上の長い裁判闘争となった家永教科書訴訟の提訴報道と、原告側が勝訴した一九七〇年七月の東京地裁判決（杉本判決）を新聞報道の要旨で提示した。報道から、戦後の教科書検定における文部省による恣意が大きな問題になっていることがわかる。家永教科書訴訟は終結したが、裁判闘争を通じて文部省による検定の恣意性に一定の歯止めを与えた意味は大きい。

なお、家永教科書訴訟は三次にわたり、各級裁判所で審理・判決が行われているため、その経緯はたいへん煩雑になっている。以下にその経緯の大要を年表形式にして示す。

一九六五年六月十二日　家永裁判第一次訴訟提訴
一九六七年六月二十三日　家永裁判第二次訴訟提訴
一九六八年十月七〜九日　家永二次訴訟、京都で出張尋問実施。（末川博・杉村敏正・直木孝次郎・青木一）
一九七〇年七月十七日　家永二次訴訟一審、杉本判決（勝訴）
一九七二年二月二十二日　最高裁、家永一次訴訟について検定関係文書提出を命ずる決定
一九七四年七月十六日　家永一次訴訟一審、高津判決（十一箇所の検定を違法と認める）
一九七五年十二月二十日　家永二次訴訟、畦上判決（文部省の控訴棄却・検定の恣意違法）
一九八二年四月八日　家永二次訴訟最高裁、「訴えの利益なし」と高裁差し戻し
一九八四年一月十九日　家永三次訴訟提訴
一九八六年三月十九日　家永一次訴訟控訴審、鈴木判決
一九八八年二月九〜十日　沖縄で出張尋問実施。（太田昌秀・金城重明・安仁屋政昭・山中宗秀）

一九八九年六月二十七日　家永二次訴訟、高裁差し戻し丹野判決（二次訴訟敗訴確定）
一九八九年十月三日　家永三次訴訟一審、加藤判決（「草莽隊」不合格検定は違法）
一九九一年十月二十一日　家永三次訴訟控訴審で、家永側証人・石原昌家「沖縄戦」証言
一九九三年三月十六日　家永一次訴訟、最高裁第三小法定、可部判決（上告棄却）
一九九三年十月二十五日　家永三次訴訟控訴審川上判決（「南京大虐殺」なども違法検定）
一九九三年十月二十五日　家永三次訴訟、家永側上告
一九九四年十一月二十五日　家永側、最高裁第一小法廷の可部・園部裁判官忌避を申立て
一九九七年八月二十九日　家永三次訴訟最高裁第三小法廷、大野判決（七三一部隊の検定は違法認む）

〔史料〕教科書検定制度は憲法違反――修正に賠償要求、家永教育大教授が訴え

東京教育大教授家永三郎氏は「現在の教科書検定制度は憲法に違反するものだ。自分の書いた歴史教科書が不当に修正を要求されたので、百万円の損害賠償をしてほしい」として十二日、国を相手に損害賠償訴訟を東京地裁に起こした。

家永教授の訴えによると、同教授はさる〔昭和〕二十二年から高校三年用日本史教科書、『新日本史』を三省堂から出版していた。三十五年に学習指導要領が改定されたため、同教科書に手

を入れ「五訂版」として、三十七年八月文部省に検定申請したが、三十八年四月不合格となった。さらに若干の修正を加え、同年九月再検定の申請をしたところ、翌年三月文部省から二百項目の修正条件を示して条件付き合格決定の通知を受けた。

(一)この修正条件は、古事記、日本書紀の説明の中に「皇室が日本を統治する言われを正当化するために構想された物語である」とある部分を削られ、明治憲法の説明中「金色の紋章が欽定(きんてい)憲法の威厳を示している」という部分はふさわしくない、などだが、これらの部分は文部省自身が定めた検定基準には反していない。

(二)現在の検定制度の通用は、文部大臣によって自由に任命される教科書審議会委員や、少数の教科書調査官の恣意(しい)的判断によって左右されることになっており、公正を欠き検定基準にも問題がある。

(三)事前審査をするという教科書検定制度は、実務的な検閲制度を認めたことで、憲法に保障する言論の自由に反するもので、こどもたちから真理を学ぶ権利を奪うものだ、と言っている。

福田文部省初中局長の話　教科書の検定は裁判に馴染まない事柄だと思うが、訴訟が成された以上、文部省としては、十分受けて立つ。文部省は教科書の検定をめぐって思想の自由をおびやかすようなやり方はしていない。しかし、一般の書籍、専門書とはちがい、教科書は子どもの教材なのだから、一方的な立場のものは与えられない。中正な立場で編集されたものを扱うよう、検定をしているわけだ。

(『朝日新聞』一九六五年六月十二日)

［史料］教科書裁判に違憲判決——検定制度認めるが内容審査できぬ

文部省が行っている教科書検定制度は違憲か合憲か——をめぐって争われていた「家永・教科書訴訟」について、東京地裁民事二部杉本良吉裁判長は、〔一九七〇年七月〕十七日午前十時「現行の教科書検定制度は、それ自体違憲とまではいえないが、ことに検定基準などの運用を誤るときは、表現の自由をおかすおそれが多分にある。検定審査は、教科書の誤記、誤植その他の客観的に明らかな誤り、その他教科書についての技術的事項及び教科書内容が教育課程の大綱的基準のわく内にあるか、などにとどめられるべきで、その限度を越え、教科書の記述内容にまで及ぶべきではない。以上の立場から見て、家永氏に対する不合格処分は、憲法二十一条二項（検閲の禁止）に違反し、同時に教育基本法十条（教育への不当な支配）に違反する」との判断を示し、文部省が家永三郎東京教育大学教授に対して行った教科書「新日本史」の検定不合格処分を取り消せ、と国側敗訴の判決を言い渡した。〔……〕

判決は、基本的には「国の側には教育権はない」という立場をとった。ズバリ「検定制度そのものが違憲だ」とするにはいたらなかったが、運用によっては違憲になるおそれがあることを強く指摘、この訴訟の家永氏に対する不合格処分は違憲、違法で現行の検定制度運用の実態が教育への不当な支配にあたるとみたものだ。敗れた文部省側に与えた打撃は大きい。とくに検定が記述内容の当否にまで及べば、憲法の禁ずる「検閲」にあたるとしたわけで、判決の持つ意味は、

きわめて重い。〔……〕
(『読売新聞』一九七〇年七月十七日)

一九八二年教科書問題

一九八〇年代は再び教科書検定が強化された時期にあたる。とくに教科書の内容をめぐる文部省の恣意的な介入が問題となり、いわゆる「侵略・進出」問題を発端とする一九八二年歴史教科書問題がおこった。とくにこの経験は、国内のみならず、国際的な反響があり、東アジアの旧植民地・旧交戦国との間で歴史認識をめぐる外交問題に発展した。ここではまず当時の海外報道を中心に、中国、台湾、香港の順に紹介する。

なお、「香港在住日本人女子高生の体験」の小林章子さんは、香港のイギリス系ハイスクール在学中に八二年教科書問題を経験した。文章はのちにまとめられたものだが、海外でくらす女子高生の眼で、反日デモを目撃した衝撃を、なまなましく記録している。

【史料】 前事不忘・後事之師——日本の侵略がもたらした重要な意味を回顧する

最近の一部日本人の動向は、日本の若者にアジア侵略の歴史を忘却させ、過去の軍国主義の道に引き戻すことを意図している。とくに日本の文部省が歴史教科書の中国・韓国・アジアに対する侵略記述を改ざんさせたことは許しがたい暴挙だ。いま、日本が侵略の歴史に学ぶことは、中日友好の絆を強め発展させる上で極めて重要である。

◆古い事をむしかえすことは、過去の善行まで悪事と見ることではない

我々が日本のアジア侵略史を問題にするのは、過去の善行まで悪事と見ることではない。日本軍がわがもの顔で中国を侵略し、人民を虐殺した時代も今も、中日両国は近隣であり、二千年以上もの友好の歴史の中で、侵略はわずかなひとこまに過ぎない。だから我々は日本の侵略戦争に話が及ぶと、軍国主義分子と日本人民とを分けて考えてきた。侵略戦争の罪を負うべきなのは一握りの軍国主義分子であって、日本人民もまた戦争の犠牲者なのである。多くの若者が軍国主義者によって戦場に駆り出され、終戦前のわずか三年あまりの期間に帰らぬ人となった日本軍将兵はじつに二百六十万人にものぼる。二世帯に一人の日本人が徴兵され、四世帯に一人が帰らぬ人となった。二百万の女性が夫を失い、数百万の児童が孤児になった〔……〕。

旧悪をむしかえすことはしないが、忘却や歪曲こそ問題なのだ。中日両国は団結すべきであり、歴史を教訓に軍国主義復活を阻止して初めて両国関係は発展させることができる。日本の文部省が教科書歪曲を画策するのは、日本人民に過去の侵略行為を忘れさせ、新たな紛争の火種をまき散らす行為で、これは日本人民を愚弄し、中国、アジア人民を挑発する行為である。かかる日本

政府の行動は、日本の野党・人民はもとより、中国官民の激しい反対をかった。日本の与党内や有識者からも、歴史改ざん問題について政府に適切な措置を求める声があがった。日本が中国・朝鮮・アジア太平洋諸国を侵略したことは史実として各国人民の記憶にしっかりと刻まれており、その傷はいまだに深く癒えない。

◆国連憲章も日本の侵略行為を認めている

戦中・戦後の一連の国際公約の多くも、日本の行為を侵略と認めた。〔……〕一九四五年の「国連憲章」も、日本・ドイツ・イタリアなどが第二次世界大戦で行った侵略の事実を認め、これらの国家が「侵略政策を再演する」ことを防止する規定を設けた。〔……〕また、七二年の中日共同声明でも、日本政府は「過去において日本国が戦争を通じて中国人民に重大な損害を与えたことについての責任を痛感し、深く反省する」と表明し、「ポツダム宣言」を遵守する立場を表明している。七八年の中日平和友好条約にも、中日共同声明の諸原則を重ねて表明している。

いま日本の文部省が教科書を歪曲することは、カイロ宣言・ポツダム宣言・降伏文書・東京裁判判決・国連憲章を否定し、日中共同声明・日中平和友好条約を無視する行為だ。よもやこれでもこれを一国の内政問題だといいくるめるつもりなのか?

第二次世界大戦が日本の中国侵略に始まることは誰でも知っていることだ。日本と同盟を組んで史上空前の痛ましい惨禍を与えたドイツとイタリアは、敗戦後の教科書でナチスやファシストを断罪した。なのになぜ日本文部省は歴史を歪曲しようとするのか? これは大変に危険な兆候で、〔アジアの〕人々に警戒心をひきおこさせざるをえない。

◆日本文部省は日本人民の気持をも踏みにじっている

この十年来、日本の要人もこのような妄言を繰り返してきた。中日両国政府と人民は、過去の歴史から教訓を汲み取るべきであり、両国人民の友情と平和友好関係は確固たる条件のもとで、発展させることができる。

戦後三十年来、日本各層の人民と友好人士は、政界・文化教育界・言論マスコミ界の多くの有識者が絶えず中日友好の発展に努力し、両国の平和友好条約を締結させるという尊い貢献をした。中日国交正常化以後、日本各界の友好人士は、両国の経済発展に手を携え、文化交流に大きな貢献を残した。彼らは日本文部省の教科書検定に歴史の歪曲があることに激しく憤り、軍国主義復活に反対する広汎な日本人民の意思を体現している。

最近日本に出現した中日友好反対勢力は、突如として現われ、突如として消え去るものではない。戦後三十年あまりが経過し、日本が経済大国として再興し、国際政治の中でも重きを持つなかで、一部の侵略戦争を美化しようとする軍国主義分子が、再び「大東亜共栄圏」を夢想しているのだ。

歴史教科書改ざんの歴史は、軍国主義の賛美、反動映画「大日本帝国」の制作、軍国主義分子の位牌〔原文のママ〕を祀る靖国神社の公式参拝、改憲策動、わが国の領土である台湾へのてこ入れなど、衆人に注意を喚起させることばかりだ。〔……〕日本のこれらの勢力はまだ主流とは

いえないが、非常に危険な傾向であり、放置すれば中日友好関係に極めて有害である。〔……〕
（中国『大公報』一九八二年八月十五日）

【史料】歴史を侮辱することは許されないことだ！——日本文部省に与うる書

君らの「日の丸」のように、赤い膏薬を塗られることを許さない。／どうして君らは歴史書を気ままに改竄しようとするのか？／歴史は、君らの思うように「進出」したことを許さない。／満州事変、満州国、南京大虐殺、中国人の鮮血が流れた。尊厳と慟哭。／烙印のように、子々孫々の家系に刻まれた、君達の偽造と開き直り。／大東亜共栄圏、三カ月で中国を征服。東北〔旧満州のこと〕のリンゴはもっと甘い。／公園の掲示にあった「犬と中国人は入るべからず」／「支那」の手先、「清国」の手先……。／君らの嘘、大風呂敷と侮辱を、我々は今も忘れることができない。／歴史は君らが思うように改ざんできるものではない。／〔中国の〕人々の目には曇りはない。／君らが両手を広げて史実を覆い隠すことは許されない。／歴史から教訓を学ぶことのできない民族は、幼稚で、悲しく哀れですらある。／君らが過去の過ちを〔正当化して〕かたくなに堅持することは、／日本への怨念の炎に、さらに油を注ぐだけだ。／君らの辞書にもし「恥」という文字があるのなら、もし良識があるのなら、／歴史の恥辱を知り、襟を正すべきだ。／で、君らにできるかな？
（一九八二年九月二十四日・台湾の国民党機関紙『中央日報』）

［史料］香港の九・一八記念市民集会宣言

本日、香港の同胞は「九・一八記念市民集会」を挙行し、抗日戦争中に犠牲となった一千万の軍民を哀悼すると共に、歴史を改ざんする日本の鈴木善幸内閣を公式に糾弾し、日本軍国主義復活の警報を鳴らし、過去にわが民族が苦しめられた国辱・国難を思い起こし、歴史を忘れることなく、あとに続く世代に民族精神を奮い立たせるよう呼びかける。

歴史教科書の改竄、侵略を美化した映画《大日本帝国》の制作上映、戦犯を祀る靖国神社への公式参拝、満州国記念碑の建設計画――これらの諸事実は、中国・東アジアおよび日本の人民に限りない災厄をもたらした日本軍国主義が、まさに復活していることの証左であり、侵略・蹂躙・虐殺の歴史の再演されることを警戒せざるをえない。わたしたちは提案する。全世界と、日本の平和を愛好する人民とともに、これらの勢力に真っ正面から痛撃を与えようではないか！

八年にわたった抗日戦争の歴史は、数千万の中国人子女の血と涙で染まり、民族の存亡のために奮起した崇高な精神で占められていた。団結しよう。共に奮闘しよう。中華民族を振興しよう！

香港専上学生連会〔香港の大学・専門学校の自治会連合会〕が始めた〔日本による歴史歪曲に反対する〕署名運動は空前の支持を獲得している。〔……〕私たちは大学・専門学校の仲間たちに敬意を表すると共に、中国侵略の史実を改竄し、軍国主義の復活を目論む勢力に反対する運動を強めていかなければならない。

本大会は香港の全同胞によびかける。

一、〔九月〕十八～十九両日の日本商品不買運動を成功させよう。

二、署名運動を継続し、街頭から地域・学校・工場・組合・商店・家庭に広げよう。

三、あらゆる手段を駆使して、同胞の苦難の歴史を記録し、民族精神を振起しよう。

一九八二年九月十八日　香港教育専業人員協會ほか百数十団体

（香港ビクトリア公園で行われた「九・一八記念大会宣言文」）

［史料］香港在住日本人女子高生の体験

つい最近起こった日本の教科書問題でも、香港の中国人は、南京に住む中国人及び韓国人に影響されて反日のデモを起こした。残念ながら明確な資料を手に入れることが出来なかったので、年ははっきり覚えていないが、あれは確か一九八二年九月一八日のことであったと思う。日本が教科書に「大陸進出」と書くか「大陸侵略」と書くかで問題になっていた頃、同時に中国人民が、南京事件に代表される日本軍の残虐さを再び抗議するデモが各地で発生した。そして、そのデモは香港にも広がり、九月十八日午後八時（であったと思うが）に中文大学の学生を中心とした人々が、香港島の北角とセントラルの間にある銅鑼灣ビクトリアパークに集合し、演説会と共に反日デモを起こした。又中国語のテレビでは南京大虐殺当時のフイルムを放映し、日本軍がいかに残酷であったかを見せつけた。街の所々に、日本製品非買のポスターが貼られ、銅鑼灣にある松阪屋のショーウィンドウは割られ、店内には自家製の爆弾が仕掛けられ、数人が負傷するというふうなことが起こった。この日から一週間ぐらいは、日本製品の売り上げが極端に下がった……翌年の九月十八日にも、たった一日ではあったが、再び日本製品非買運動が行われ、ビクトリアパークで集会が開かれた。

（小林章子「日中戦争における香港」『帰国子女の日本史研究——早稲田大学帰国子女予備教育課程における日本史授業と課題リポート集——』早稲田大学国際教育センター、一九九〇年）

日本の歴史教科書叙述が、アジアに対する植民地支配、侵略の内容を隠蔽・美化しているとして国際問題化し、韓国・中国など近隣諸国からの抗議を受けた一九八二年の第一次教科書問題で、日本政府が事態収拾のために出したのが次の宮沢談話である。

▲…香港教育専業人員協会（教員組合）事務所に貼られていた、「日本商品購入抑制」を呼びかけるポスター（1997年夏）

日本政府は教科書検定について「政府の責任で是正する」とアジア諸国に対して表明。以後、文部省の教化用図書検定基準に「近隣のアジア諸国との間の歴史的事象の扱いに、国際理解と国際協調の見地から必要な配慮がなされていること」という《近隣諸国条項》が追加された。

［史料］ **歴史教科書についての宮沢官房長官談話**（一九八二年八月十六日）

一．日本政府及び日本国民は、過去において、我が国の行為が韓国・中国を含むアジアの国々の国民に多大の苦痛と損害を与えたことを深く自覚し、このようなことを二度と繰り返してはならないとの反省と決意の上に立って平和国家としての道を歩んできた。我が国は、韓国については、昭和四十年の日韓共同コミュニケの中において「過去の関係は遺憾であって、深く反省している」との認識を、中国については日中共同声明において「過去において日本国が戦争を通じて中国国民に重大な損害を与えたことの関任を痛感し、深く反省する」との認識をのべたが、これも前述の我が国の反省と決意を確認したものであり、現在においてもこの認識にはいささかの変化もない。

二．このような日韓共同コミュニケ、日中共同声明の精神は我が国の学校教育、教科書の検定にあたっても、当然、尊重されるべきものであるが、今日、韓国、中国等より、こうした点に関する我が国教科書の記述について批判が寄せられている。我が国としては、アジアの近隣諸国との友好、親善をすすめる上でこれらの批判に十分に耳を傾け、政府の責任において是正する。

三．このため、今後の教科書検定に際しては、教科用図書検定制度審議会の議を経て検定基準を改め、前記の趣旨が十分実現するよう配慮する。すでに検定の行われたものについては、今後すみやかに同様の趣旨が実現されるよう措置するが、それまでの間の措置として、前記二の趣旨を教育の場において十分反映せしめるものとする。

四．我が国としては、今後とも、近隣国民との相互理解の促進と友好協力関係の発展につとめ、アジアひいては世界の平和と安定に寄与していく考えである。

戦後五十年の節目に

一九九五年の戦後五十年を機に、村山富市内閣は、連立相手の自民党・さきがけとも調整を重ね、同年六月九日、衆議院で「歴史を教訓に平和への決意を新たにする決議」（戦後五十年決議）を採択した。しかし参議院での採択は見送られたうえ、自民党内の反対から内容はきわめて不満足なものに終わった。このため村山首相は同年八月十五日、閣議の了承を得て、過去の植民地支配や侵略戦争に対する反省と贖罪の思いを「戦後五十年にあたっての村山首相談話」として発表した。その後、政権の枠組みは変わったが、この「村山談話」は歴代自民党政権に踏襲され、海外から日本の戦争責任問題を追及される度に、日本政府の立場を説明する文書として使用されつづけている。

【史料】 歴史を教訓に平和への決意を新たにする決議

本院は、戦後五十年にあたり、全世界の戦没者及び戦争等による犠牲者に対し、追悼の誠を捧げる。また、世界の近代史上における数々の植民地支配や侵略的行為に思いをいたし、我が国が過去に行ったこうした行為や他国民とくにアジアの諸国民に与えた苦痛を認識し、深い反省の念を表明する。我々は、過去の戦争についての歴史観の相違を超え、歴史の教訓を謙虚に学び、平和な国際社会を築いていかなければならない。

本院は、日本国憲法の掲げる恒久平和の理念の下、世界の国々と手を携えて、人類共生の未来を切り開く決意をここに表明する。右、決議する。

（一九九五年六月九日、衆議院採択）

【史料】 戦後五十年にあたっての村山首相談話

平和で豊かな日本となった今日、私たちはややもすればこの平和の尊さ、有り難さを忘れがちになります。私たちは過去の過ちを二度と繰り返すことのないよう、戦争の悲惨さを若い世代に語り伝えていかなければなりません。とくに近隣諸国の人々と手を携えて、アジア太平洋地域ひいては世界の平和を確かなものにしていくためには、なによりも、これらの諸国との間に深い理解と信頼にもとづいた関係を培っていくことが不可欠と考えます。政府は、この考えにもとづき、特に近現代における日本と近隣アジア諸国との関係にかかわる歴史研究を支援し、各国との交流の飛躍的な拡大をはかるために、この二つを柱とした平和友好事業を展開しております。また、現在取り組んでいる戦後処理問題についても、わが国とこれらの国々との信頼関係を一層強化するため、私は、引き続き誠実に対応してまいります。

いま、戦後五十周年の節目にあたり、われわれが銘記すべきことは、来し方を訪ねて歴史の教訓に学び、未来を望んで、人類社会の平和と繁栄への道を誤らないことであります。わが国は、遠くない過去の一時期、国策を誤り、戦争への道を歩んで国民を存亡の危機に陥れ、植民地支配と侵略によって多くの国々、とりわけ、アジア諸国の人々に対して多大な損害と苦痛を与えました。私は、未来に過ち無からしめんとするが故に、疑うべくもないこの歴史の事実を謙虚に受け止め、ここにあらためて痛切な反省の意を表し、心からのお詫びの気持ちを表明いたします。

（一九九五年八月十五日発表）

新国家主義の台頭――「つくる会」教科書運動・検定申請本をめぐる内外の反響

「つくる会」の教科書が大変問題の多い教科書であることは第一章で詳しく紹介した。隣の韓国では、マスコミのみならず、学者・教育者などの世論が日本の歴史歪曲問題で韓国政府を突き上げる展開になっている。史料は、韓国で開かれた日本の歴史教科書をめぐるシンポジウムを経て発表されたものである。

〔史料〕 日本の歴史教科書の内容改正に関するわれわれの立場

現在日本の文部省は、二〇〇二年四月から使用される中学校教科書を検定している。この検定過程で判明した情報によれば、社会科歴史分野の教科書（以下「歴史教科書」という）が、韓日関係史に関連する事実を現在使用中である教科書に比して、顕著に縮小、隠蔽、歪曲している内容が少なくないことが伝えられている。〔……〕

◆歴史教科書の改悪はどの程度か

〔……〕特に我々が驚愕させられたのは、このたびはじめて検定を申請した『新しい歴史教科書をつくる会』という日本の右派民族主義団体が提出した教科書の近代日韓関係史に関する叙述である。その中で憂慮される内容のいくつかを指摘すれば、次の通りである。

①日本の植民地支配が正当であり、合法的なものであるとした。

②韓半島を「日本に突きつけられた凶器」と規定し、韓国に対する否定的認識を根本的に主張している。

③韓国を自主的に近代化をなしえない国家と評価するなど、徹底的に差別意識をあらわしている。④日本が批判を受けるべき事実、例をあげれば、江華島事件と江華島条約から出てくる軍事的挑発と不平等性の強要、義兵闘争と独立運動に対する弾圧、植民地支配と皇民化政策の実像、関東大震災時の朝鮮人虐殺などについては、ほとんど叙述していない。〔……〕

◆歴史教科書の改悪はなぜおこったのか〔略〕

◆韓国人の総意で日本の皇国史観復活を阻止しよう

日本の歴史教科書は一九八二年の「歴史歪曲事件」に対する国際的批判を契機に不充分ではあれ漸進的に改善されてきた。ここには日本の歴史歪曲に対する韓国をはじめとする近隣諸国の国際的批判と家永教科書裁判からうかがえるような日本国民の運動が一つの役割をしたものと認められる。また日本の知識人が学生たちに正しい歴史認識を与えるために、歴史教科書が植民地支配と侵略戦争に対する加害と被害、支配と抵抗などの側面から記述することがのぞましいという認識を相当程度共有していたためだと判断する。ところで、長い歳月にわたる努力の成果が日本政府と政治家、右翼民族主義者などの圧力により水泡に帰そうとしている。

〔……〕韓国と日本の友好協力関係がどれほど重要だとしても、「皇国史観」に回帰しようとする日本の態度を黙殺することはできない。「皇国史観」は日本が韓国を侵略して支配するなかで形成された歴史観であるからである。韓国人は過去に日本の歪曲された歴史認識が侵略と支配の精神的基盤となった事実をはっきりと記憶しており、日本の教科書と政治家が限りなく繰り返してきた「歴史歪曲」と「歴史妄言」をまた忘れないでいる。

韓国人はいまからでも日本が韓国と関連した歴史的事実をほしいままに歪曲することに対して、きびしく批判し、抗議しなければならない。ほしいままである日本の動きからして、「歪曲された」歴史教科書は十一月末までにすべての文部省の検定を通過するとみられる。日本の新しい世代がこのような教科書を通じて、歴史を学ぶならば、彼等はもういちど悪夢のような皇国史観で韓国をみるのに間違いないと予見される。

どこの歴史教科書も完璧なものはない。韓国の歴史教科書も例外ではない。だが、われわれは平和と共存のための方向で改善しようと努力しており、これを意図的に変改させようとするのではない。両国の歴史教科書がすべて正しい歴史認識のもとに友好協力と共存共栄のための生のかがみとなることを心から願わずにはいれない。

二〇〇〇年十一月十四日

歴史学会（会長：金容徳ソウル大学教授）

歴史教育学会（会長：崔完基梨花女子大学教授）

韓日関係史学会（会長：呉星セチュン大学教授）

また、日本国内でも高嶋伸欣琉球大学教授・上杉聰関西大学講師の二人が、産業経済新聞社・扶桑社・「つくる会」の三者による『中学歴史』『中学公民』の教科書について、これを教育現場で採択させるために、独占禁止法が禁じている違法行為を繰り返してきたとして、公正取引委員会に排除勧告を行うよう求める申し立て（申告）を行った。

［史料］は申告を終えた二人が文部記者会で会見した際に発表された「声明」であるが、高嶋教授は「三者は一九九七年末までに教科書発行に関する「覚書」を交わしており、文部省（現文部科学省）に検定申請している扶桑社以外も「つくる会」教科書の当事者にあたる。産経紙上における他社教科書に対する批判や、これをもとにした書籍の販売やリーフレットのばらまきは、公取委告示第五号の三で禁じた『教科書の発行を業とする者が〔……〕他の教科書の発行を業とする者や、その発行する教科書を中傷・ひぼうし〔……〕他の者の発行する教科書の使用または選択を妨害すること』にあたり、独禁法二条九項の三に抵触する」と問題にしている。

［史料］高嶋伸欣・上杉聰両氏の声明

産業経済新聞社と扶桑社、そして新しい歴史教科書をつくる会の三者が共同して推進してきた「教科書」が現在、文部省に検定申請されています。

私たちはこの検定申請中の教科書見本が、すでに各地に配付され、採択の勧誘が行われているなど、常軌を逸した「異常な教科書運動」が全国で進められていることに大きな危惧を抱いています。

つまり、この「教科書」が戦前の皇国史観を復活させ、アジア侵略への無反省史、そして大国主義的利己主義と人権・平和感覚の欠如に彩られていることに、内外から批判が高まっています。私たちは、それに加えて、この「教科書」を検定通過―採択させようと全国に巨大な組織が作られ、中央―地方の政治家や議会を動かし、また右「教科書」の発行元となっている産経新聞社自らがマスコミとして働き、世論を動かし、ついに昨年末には自分たちの意に沿わない検定審議会委員の更迭までさせてきたことに、異常な政治運動の脅威を感じざるをえないのです。

これは教育に対する権力的な介入であり、本来、教育学や学術研究などによる高度で専門的な判断や、教育実践の積み重ねに基づいた保護者や子どもたちとの信頼関係などにより、自律的に発展させられるべき教育の営みが、政治運動によって協力にねじ曲げられる危険があるからです。

ところで、こうした政治の介入はもとより、教科書会社の過当競争などによって教育が歪められることを、教育基本法や独占禁止法は厳しく禁じています。とくに独占禁止法のもとで「教科書業における不公正な取引方法」(公取委告示第五号)が指定され、教科書採択にいたる過程に厳格な規制が行われていることは、教育の公正・中立性と専門性を尊重する趣旨と評価されます。私たちは本日、この規定にもとづいて、右「教科書」の執筆・編集から出版・採択・販売までの事業を進めている三者に対して、公正取引委員会が厳格な措置を採るよう強く求める申告をいたしました。

右の「公正取引委員会告示第五号」は、当然にも今回のような異常な政治運動への対処を十分に想定したものではなく、不十分な側面がありますが、教育基本法の趣旨などにさかのぼって、公正取引委員会が適切な運用をなされることを期待しています。

私たちの動きを事前に察知してか、産経新聞社は「教科書」の発行担当から降りることを検討しているとのことです。問題の現場から立ち去ったとしても、かつて共同で行った行為が違法であるという私たちの疑念は、むしろ強まりこそすれ消えるものではありません。そして現実に違法であると判断されれば、その責任のみならず、共同して行った他の行為者の責任もまた消え去るものではないことを、ここに明言しておきます。

とくに今回の問題については、日本の教育のあり方を通じて、世界とくにアジア諸国の被害国からの信頼と期待を裏切ってはならないという大きな課題とも直結しています。幅広い良識の声が公正取引委員会に寄せられることを期待しています。

二〇〇一年一月二十二日

高嶋伸欣・上杉聰

4——大学のキャンパスから

▲…静岡県立大《レッドカード》事件を考える市民集会

香港の軍票問題を契機に戦後補償問題に関わっていた私は、一九九五年の春、ある大手テレビ制作会社のプロデューサーから次のような話を聞かされた。「今は戦後五〇年だからいいけど、戦争を話題にしたドキュメントは上層部には不評なんだ。視聴率がとれないし、気持ちも暗くなる。今年いっぱいで終わりにしようと、各局の幹部の間では話がついている」——これを聞かされた時の私は半信半疑だったが、現実はそのとおりになった。「失われた十年」と言われる一九九〇年代だが、その半ばを境に、新聞・雑誌・映像メディアの戦争問題をめぐる扱われ方は大きく変わったように思える。

「自由主義史観」研究会、「つくる会」などの動きは、いずれも九〇年代後半になって出てきたものだ。それと軌を一にするように、大学でも便乗組がはしゃぎ始めている。中国を「シナ（支那）」と語り、留学生たちの前で「南京大虐殺はなかった」と公然と主張する教官に、九四年の小論文入試に天皇問題を問うて問題化した島根大学の事件との大きな世相の変化を感じている。

［初出一覧］

島根大「天皇小論文入試」事件とは何だったのか？（『週刊金曜日』一九九四年七月八日号）に一部加筆

中国人留学生たちを怒らせた静岡県立大学教授のアジア蔑視教育（『週刊金曜日』二〇〇〇年四月七日号）に一部加筆

外国人留学生を迫害する日本のキャンパス（『週刊金曜日』二〇〇〇年九月二十九日号）を改題・一部削除のうえ加筆

島根大「天皇小論文入試」事件とは何だったのか？

右翼の脅迫に揺れた大学

一九九四年六月八日のこと。島根県の県庁所在地、松江市街はものものしい雰囲気に包まれた。同年春、島根大学（松江市西河津町・山田深雪学長）の法文学部が出題した天皇の戦争責任をめぐる小論文問題をめぐって、「けしからん」とする右翼団体が、西日本全体の仲間に動員をかけ、五十八台もの宣伝カーを連ねて集合したのだ。梅雨空晴れやらぬなか、人口一三万あまりの閑静な城下町は、アンプのボリュームいっぱいに、「山田学長は退陣せよ！」「東京裁判の十字架を背負うな！」「世界に日本人だと誇れるような学生を育てよ！」「わが日本を犯罪国家、侵略国家におとしめる教育をするな！」「（島根大学は）赤い革命思想によって、純粋な子どもたちを洗脳するな！」「二十一世紀を背負う学生諸君！」「学生は天皇陛下が連綿と続いたことを学べ！」「山田ーっ！　また来るぞ！」などと叫ぶ右翼団体の声に終日脅かされ続けた。

地元紙の報道などを総合すると、右翼の宣伝カーは島根大学正門前を二巡したあと代表が大学構内に入り、広報担当の井上寛司教授に山田学長の辞任を求める勧告文を手渡して意気揚々と引き上げたという。

発端は九四年の二月二十五日にさかのぼる。入試の終盤を迎え、法文学部では小論文の試験が行われていた。論題は「昭和天皇の戦争責任」について、憲法学者の和田英夫氏の『昭和天皇と日本国憲法』と樋口陽一氏の『もういちど憲法を読む』、さらに哲学者久野収氏の『「天皇崇拝」の意識構造』の抜粋を読ませ、象徴天皇制下での最近の天皇をめぐる問題状況をふまえつつ、「天皇の戦争責任を、今、問うことの意味」について受験生の考えを四百字以上五百字以内で論述させるものであった。

さっそく翌日の『毎日新聞』朝刊では、大学側の「昨今の一連の天皇現象を素材に国民主権の原則から象徴天皇制のあるべき方向を問う」というコメントを掲載しつつ「従来の知識詰め込み型ではなく、現実の問題に則して思考力・判断力を問う出題が一層増えてきているようだ」と好意的に紹介された。のちに大学側がまとめた声明文でも「一般市民からの評価はおおむねよい」と総括している。

ところが、三月十四日付の『神社新報』紙は一面に十二段抜きで「一方的な設問と物議醸す」と大きく報道し、石田圭介氏・村尾次郎氏らのコメントを掲載したうえで、同紙六面にこの入試問題を全面掲載し、出題を「一方的」で「思想審査」だとして問題視する立場を明らかにした。同紙の報道内容では、むしろ「(この入試問題に)問題はない」と回答した文部省入試室の立場が浮き上がって見えるほどだった。

まもなく、大阪の右翼団体から島根大学に「学長・学部長の見解を聞きたい」という電話がかかってきたほか、神戸・奈良の右翼を名乗る男性から大学あてに質問状が届いた。さらに三月下旬からは深夜に法文学部長をはじめ、同学部の教員宅に無言電話がかかりはじめた。島根県警からも大学に「これらの団体の動きに注意するように」という通報があり、大学では万一のことも考え廊下にあった学長室・学部長室の札が外された。

この間、島根大学では連日対応策の協議が行われ、四月七日には記者会見を開き「小論文は、その時々の社会的関心事や社会科学的な基本問題を取り上げた論説などを素材にして、設問に対する理解力、分析力、批判力、解答の論旨を組み立てる展開力、論旨の明快性・一貫性、および表現力、ならびに字数制限処理能力を問うものであり、これらを基準として評価している」と受験生の思想内容が評価の対象ではないことを明らかにしたうえで、「出題内容は妥当」とする見解を発表した。

さらに四月十四日には抗議してきた右翼団体との面会が同大学でおこなわれた。のち法文学部がまとめた声明文には「その団体のメンバーが市内で示威行動をするという異様な雰囲気での面会」とあり、「思想チェックではないか?」「天皇制や天皇の戦争責任を入試に取り上げること自体が問題だ」と主張する右翼と、「妥当な問題」とする島根大側の主張とは最後まで嚙み合わなかった。あげくのはてには「命をとるぞ」という脅迫まであったという。

東京では神道政治連盟の国会議員懇談会で島根大小論文がとり上げられ、幹事長をつとめる自民党の村上正邦参議院議員から文部省に照会があり、四月七日になって文部省は一転「問題はない」という見解を撤回し、「試験問題を見ていない段階での回答であり遺憾」だったとしたうえで、この入試問題について「天皇制は教科書にも取り上げられており、出題することに問題はない」としつつも、「天皇の戦争責任はあまり高校では教えられていないため、受験生が示された文章を批判するのは難しい。対立する意見を両方取り上げるなどの配慮が必要だった」（以上、五月二十三日付『朝日』朝刊、五月四日付『毎日』朝刊）とし、「大学に厳重に注意喚起し『大学入学者選抜実施要項』や諸会議で各大学に良識ある対応をするやう指導していきたい」（四月二十五日付『神社新報』）という方針を明らかにした。

かくして、文部省は自民党の、自民党は神社界および右翼の顔をたてる形で、「厳重注意」処分が島根大学に電話で通告された。大学側も「出題は妥当だった」という原則的立場を堅持しつつも、四月二十六日には「誤解を招いたのは遺憾」とする再度の記者会見を行い、次年度以降の入試にあたっては「入試問題としての適切さをチェックする学部内委員会を設けることを検討する」として、事実上文部省の処分を受け入れた形となって一件落着した。

消息筋によると、文部省入試室には自民党や神社界からの抗議に職員が悲鳴を上げていたというし、島根大にも教員にたいする無言電話などの嫌がらせが続き、両者ともに厭戦気分であったという。さらに、この一連の経過において、批判する側は右翼の行動ばかりが突出し、彼らの側では大衆的な世論を形成することに成功していない。また、山陰の片田舎のニュースは東京にはなかなか伝わらず、大学自治の根幹に関わる重大な問題であったにもかかわらず、大学側を支援する大学人や市民運動の動きも大きくはならなかった。

天皇の戦争責任を鋭く問う入試問題

はたして島根大の天皇小論文はそんなに突出した出題だったのだろうか。近年の小論文や社会科各科目（現在の地歴・公民科各科目）の入試では時事的な題材をもとに、機械的な暗記ではかりきれない現代社会の直面する問題に対する関心度や分析力を問う出題が増加している。天皇問題も例外ではなく、すでに日本史では数多く出題されている。

早稲田大学では昭和天皇死去直後の韓国紙『東亜日報』の社説（一九八九年一月九日付）を取り上げ、昭和天皇の戦争責任を追及した。

「いわゆる明治維新以来、引き継がれてきた日本帝国主義憲法（大日本帝国憲法のこと）に従い『君臨すれども統治せず』という従来の『天皇制』から離れ、君臨と統治を兼ねた『昭和時代』の前半は戦争と侵略の歴史によって綴られた。いかに否認しようともすべての宣戦布告が彼の手によってなされた、という事実までも否認することはできない。アジア諸国に対する日本の支配が『天皇』の名によってほしいままにされたということも、また厳然たる事実だ。その暗黒の暴風のなかで、この地の同胞は生命と言葉と姓氏を失った。……『昭和時代』の傷痕はそれほどに深いものだ。それにもかかわらず、アジアと太平洋を踏みにじった彼の戦争責任は峻厳には問われなかった」とその内容は手厳しい。（一九九一年法学部出題の史料部分、……の部分は筆者による中略をあらわす。以下同じ）

慶応大学経済学部でも近代の神道政策を扱った。

「明治政府は……神道や天皇に関係の深い祝祭日を制定して官庁・学校などで祝わせ、国家神道・天皇崇拝を国民生活の中に浸透させていった。日清・日露の両戦争の際には、全国各地の神社で戦勝祈願や出征兵士の武運長久祈願が行われ、神社と国民の結びつきが強くなった。……神社と国民の結びつきのうえで大きな効果を持ったのは神前結婚式の普及である。日本では古来、庶民が宗教的な儀式で結婚式をする風習はなかったが……一八九九年に皇太子〔のちの大正天皇〕の結婚式に備えて神前結婚の儀礼がつくられ、……その後、神前結婚式は、あたかも日本古来の普遍的な結婚式の形式だったと考えられるほど、国民生活の中に普及・定着していった。……一九〇〇年の台湾神宮に続いて、樺太神社・朝鮮神宮が創建され、それらを頂点として多数の神社が各地に造られた。一九三〇年代の朝鮮では、朝鮮人家庭に神棚を設けさせ……キリスト教徒を含む全朝鮮人に神社参拝を強制したりした。……十五年戦争で……占領地には、数多くの神社が造られた。日本の敗戦後、これら占領地に造られた神社は、台湾・朝鮮など植民地の神社とともに、現地住民の手で破壊された。……連合国軍最高司令官D・マッカーサーは一九四五年十月、日本政府に対して人権指令を発し、治安維持法が廃止された。翌年一月天皇自身による神性否定＝人間宣言が行われ、一九四七年には刑法改正によって不敬罪がなくなり、一九四八年には教育勅語の排除・失効確認が国会で決議された」と近代天皇制と神社の関わりに鋭く迫っている。（一九九二年経済学部・社会Ⅱより抽出）

立教大学は敗戦まぎわの一九四五年八月十一日の『朝日新聞』一面の紙面構成から、かくされている終戦工作を読み取らせる出題。

「御前会議の決定は極秘なので、当然、報道されていないが、紙面を読むと、日本政府の終戦決定を暗示していることは明らかだ。紙面上段中央には、下村博情報局総裁談話が『一億困苦を克服、国体を護持せん、戦局は最悪の状態』との見出しで天皇の聖断をほのめかしている。その後には、荒木貞夫陸相の『全軍将兵への訓示』がのり、『死中活あるを信ず』として本土決戦の立場が示されている。両記事の下には、日本の終戦決意の二大要因となったソ連の対日参戦の記事と米国の原爆投下をめぐる記事がある。また隣の社説は『重臣論』として『重臣』の『大勇』を求めているが、終戦実現のための確固とした行動を促しているのであろう。まさに大日本帝国崩壊前夜の緊迫が感じられる紙面だ。ところが、この重大な日の紙面の一面トップには、学習院初等科六年の皇太子が起立しているアップの写真と、『皇太子殿下、戦局に深き御関心、行啓先に拝す畏き御日常』との皇太子の動向を伝える記事がのっているのだ。……これは『朝日』の終戦→天皇退位→皇太子即位という戦後構想を暗示しているものと読める。当時、天皇側近の木戸幸一や近衛文麿も終戦・天皇退位論者だった。終戦に賛成する朝日新聞社出身の下村情報局総裁らの影響で、天皇退位を暗示する『朝日』の紙面ができたのだろう。……」と具体的な史料に即応して側近グループの終戦工作に言及する。（一九九三年・経済学科より抽出）

同大学は、中曾根元首相が靖国神社に公式参拝して諸外国の非難を浴びた直後には、石橋湛山が敗戦直後に書いた『靖国神社廃止の儀』（一九四五年十月十三日付『東洋経済新報』社論）

を史料として出題した。

「靖国神社廃止の儀　……靖国神社の主な祭神は明治以来の戦没者にて、ことにその大多数は日清・日露両戦役及び今回の大東亜戦争の従軍者である。しかるに今、その大東亜戦争は万代にぬぐうあたわざる汚辱の戦争として、国家をほとんど亡国の危機に導き、日清・日露の戦役の成果も全く一物も残さず滅失したのである。遺憾ながらそれらの戦争に身命をささげた人々に対しても、これを祭ってもはや『靖国』とは称し難きにいたった。……ただ屈辱と怨念の記念として、永く陰惨の跡を留むるのではないか……」。

本問には「湛山は戦後政界に入り、一九五六年にある政党の二代目総裁となり、首相となった」と記し、その政党名を答えさせる設問がある。この出題に感動した高校の先生が自分のクラスの生徒に解かせてみたところ、湛山を「日本共産党」としたものが九割、「日本社会党」と答えたものが一割、「自由民主党」と正解できた生徒は一人もいなかったという笑うに笑えない話もある。（一九八六年・文学部A入試）

このほか、広島修道大学では『昭和天皇独白録』で、昭和天皇が田中義一首相に「それでは話が違うではないか、辞表を出してはどうかと強い語気でいった」という昭和天皇の政治関与の場面を出題した（一九九三年・商学部）ほか、明治学院大学では天皇裕仁が東京裁判で起訴されたか否かを東条英機・松岡洋右・幣原喜重郎・広田弘毅の顔触れと共に選択させる設問を出題している。（一九九二年・法学部）

このほか、社会科の入試問題では、当時の細川連立政権や戦後補償問題など多様な素材が扱われており、まことに興味深い。

新課程の教科書でも天皇問題は常識

一九八二年のいわゆる歴史教科書問題を受けて、教科書検定基準には新たに「近隣諸国条項」が追加された。このため、一九九〇年代に使われた日本史の教科書では、天皇問題や神道関係の記述が格段に詳しくなっている。

たとえば「終戦」の決定については、教科書の多くがいわゆる昭和天皇の「聖断」を記しているが、新たに検定に合格したA社の教科書では一九四五年二月に細川元首相の祖父、近衛文麿が共産革命を危惧して昭和天皇にただちに和平工作をするよう進言したという「近衛上奏文」を紹介しつつ、昭和天皇の「もういちど戦果をあげてからでないとなかなか話はむずかしいと思う」という戦争継続発言を紹介している。

また、B社の教科書では「アメリカ政府首脳は激論のすえ、『日本の究極の政治形態は、ポツダム宣言にしたがい、日本国民が自由に表明した意思にしたがい決定されるべきものである』と日本政府に回答した。この回答は日本国民がのぞめば戦争終結後に天皇制を残すことも、廃止することもできると二様に読めるものであった。日本側はこれで国体は護持されたと判断し、八月十四日の御前会議では意見が二つに分かれたが、天皇がポツダム宣言の受諾を支持したため、ここに降伏が決定した」とかなり詳しい。

有力なC社の教科書でも「マッカーサーは九月末、昭和天皇と会見したが、その戦争責任を深く追及せず、占領統治に協力を求め、天皇も協力を約した。……五月には極東国際軍事裁判が開廷された。重大戦争犯罪人二十八名が起訴され、日本の侵略の実相が明らかにされ、国民は大きな衝撃を受けた。連合国には天皇の戦争責任を問う強い世論もあったが、アメリカの高度の政治判断によって天皇は訴追されなかった」と、従来にない記述で迫った。同教科書は昭和の終焉にも言及し「政府は戦前に準じて大規模な代替わり儀式を挙行したが、海外からは昭和天皇の戦争責任問題や祭りの『自粛』など天皇の重体・死去のさいの日本人の過度の謹慎に強い疑問がおこり、これを機に国内でもさまざまな議論がひろがった」とかなり思い切った記述をしている。

さらに、検定に合格した同社のもう一つの教科書では、昭和天皇存命中には天皇がみじめだとして掲載をためらわれてきた一九四五年九月七日のマッカーサーと昭和天皇が並んだ写真(昭和天皇がチビに見える)を紹介したうえで、この会見を取材した『ニューヨーク・タイムズ』の「天皇はだれが戦争に責任を負うべきかについてマッカーサー元帥がなんら言及しなかったことに、とりわけ感動した」という報道内容を紹介している。同社の教科書では日本の植民地支配や侵略戦争にも詳しく、戦後補償問題にも学習テーマを設けるなど、かなり思いきった構成になっている。

また、D社の教科書では近代天皇制国家の形成過程について次のように説明する。

「神道は、天皇のもとでの文明開化策を民衆に啓蒙するものとなった。一八七二年には、紀元節・天長節などの国家祝祭日が定められ、天皇神格化の基礎がつくられていった。……一八八一年を頂点として、行幸が盛んにくり返され、なかでも六大巡幸は、地方官や名望家に歓迎された。天皇は、それまで『雲上人』として民衆から隔絶していたが、統治者として行幸することで、民衆に開化の世を啓蒙した。……一八九〇年、忠君愛国を国民道徳の基本とする教育勅語が発布され、御真影とともに全国の小学校に下賜された。翌年には三大節などの際、学校での勅語の奉読と御真影の拝礼などが義務づけられており、学校教育を通じて家族国家観による臣民教育がすすめられた。この年には、『君が代』は、修身や国語の読本として学んだ忠君愛国の思想を心情的に浸透させていく役割を果たすようになった。……神道は一八八一年の神道大会議の後『国家の宗祀』と位置づけられ、神社の祭祀の大権は、天皇が持つものとされた。その結果、神道は宗教にあらずとされ、諸宗教に超越した地位を与えられた。〔また、日露戦後の地方改良運動と連動して〕神社を中心とした村づくりの運動や報徳社の『一村一家の観念・勤倹貯蓄』などの精神をもとに、行政村を単位として村をまとめることをめざすものとしてすすめられた。村では神社の祭りが重視され、学校教育でも忠魂碑・戦役記念碑などの戦争記念物を教材として活用し、国民精神の統一をはかった」。

このように新課程教科書では天皇問題をタブー視する悪弊は取り去られ、戦後半世紀にして、ようやく本当の意味で天皇問題についても自由に議論できる基礎が築かれていた。このほか、多くの教科書が「日本人のアジア観」などの項目を設けて、筑波大学付属高校教諭（当時。現琉球大学教授）の高嶋伸欣氏が提訴した高嶋教科書訴訟の争点となっている福沢諭吉の『脱亜論』を紹介しているほか、沖縄・北海道の歴史に多くの紙数を割くなど、従来の中央中心の歴史では欠落していた地方の民衆の歴史に照明をあてる姿勢が感じられる。このように、歴史教育はあきらかに好ましい方向に変わりつつあった。

島根大学の経験が示したもの

教育社会学者の尾形憲氏（前法政大学教授）は「入試というものは、受験生を選別するものと言うよりも大学の教育活動の一環と考えております」と発言している。（九三年三月二十二日、わだつみ会「教育・研究者の集い」）

入試というとややもすれば受験生の合否を選別するという機能のみでとらえがちだが、最近の入試問題には、カラー刷りの入学案内ではうかがうことのできない大学のさまざまな「顔つき」や学問のレベルを物語るものがある。本稿をまとめるにあたって数多くの大学の入試問題を見たが、あきらかに手抜きと思われるものや、高校での学習内容をいかに多く暗記しているかだけを競う類型的な入試問題に終始する大学よりは、時代の問題意識を反映した切り口の鋭い問題を提供する大学の方がはるかに高い教育サービスを受けられるのではないか。また、昭和天皇死後の教科書にみられる新しい傾向からみても、天皇問題はタブー視せずに、むしろ意欲的に出題されて当然なのだ。

島根大法文学部の小論文入試の場合、過去には「環境問題」や「買春ツァー問題」などを出題してきた。今回のばあい、「天皇の戦争責任」を扱ったことがたまたま右翼陣営の逆鱗に触れたが、島根大学の出題を「一方的」というのであれば、多くの大学の小論文入試問題もすべて一方的だということになろう。

島根大学法文学部では、声明で今回の事態を「憲法で保障された大学の自治に対する学外からの不当な介入」ととらえている。だとすればなぜ文部省の「厳重注意」を甘受して事態収拾をはかったのか。

冒頭にも紹介したように島根大学はその後も右翼の街宣車に悩まされ、学長の辞任を求められる事態に発展した。六月八日の右翼の騒音に驚いた法文学部在籍のスウェーデンからの留学生の「ヨーロッパの右翼ネオナチも恐ろしいが、学生や住民の反対運動がある。日本の学生はなぜ行動しようとしないのか」（六月九日付『山陰中央新報』）という言葉が耳に痛い。

中国人留学生たちを怒らせた静岡県立大教授のアジア蔑視教育

「慰安婦という言い方はおかしい。これは金銭による肉体売買行為であって、日本兵はちゃんとお金を払ってサービスを受けていた」など、過去の植民地支配や侵略戦争について一方的な授業を繰り返した教授が、これに抗議した外国人留学生たちを教室から排除して問題になっている。事件が起こった静岡県立大学の関係者から話を聞いた。

アジアからの留学生たちの抗議

事件が起こったのは静岡県立大学（以下県大と略す）国際関係学部で一九九九年に開講されていた「国際政治学A」の授業。担当の大礒正美教授は、講義のなかで「日本は韓国・台湾を侵略していない。なぜならこれらは全部日本のものであった」「慰安婦とはおかしな言い方。これは日本が現地の女性を守るいい政策であった」など誤った歴史認識を一方的に連発した。とくに南京事件について、『産経新聞』の投書記事（一九九九年五月二十一日付「南京大虐殺で散った戦友の無念さを思う」）を学生たちに配付して三十分以上も自説を展開。南京における日本軍の行動を正当化し、南京大虐殺の事実を否定した。

ところがこの教室には少なくない外国人留学生がいた。とくに大議教授の歴史認識に仰天した韓国・中国からの留学生たちは、自分たちの見解との相違をコメントにまとめ、大議教授に提出しようとした。この文書は、「南京大虐殺がなかったという見解はあまりにも偏っている。他の新聞や資料なども使って公平な授業をしてほしい」と要望する内容だった。

ところが、大議教授はコメントを一瞥し「君たちの考え方は間違っている。書き直す必要がある」と言って学生たちに突き返した。

翌週の国際政治学の授業で大議教授は再び『産経新聞』記事（一九九九年五月二十六日付、石川水穂編集委員兼論説委員執筆の「南京大虐殺・三〇万人説、虚構の系譜はっきりと」）を配付して南京大虐殺虚構論を再び展開し、「《南京殺》は認めるが《大》も《虐》も認められない」と主張し、南京大虐殺を重ねて否定した。（註）

このような大議教授の授業運営は、中国人留学生には耐えがたい屈辱であった。毎週針の筵に座らされているような苦痛にいたたまれなくなった中国人留学生たちのなかには、ひとりまたひとりと授業に出なくなる者もいた。残った学生たちも、五月末には意を決して学生部長に相談し、履修登録の取り消しなどの可能性を打診したのである。だが、大学としてはどのような理由があろうと、ひとたび履修登録した科目の変更を認めるわけにはいかない。大議教授に留学生たちとの良好な関係を求めるのが精一杯だったのである。

その後、大議教授は日本人学生も大勢いる六月二十四日の国際政治学の授業の中で《留学生のための再ガイダンス》なるものを実施。アジアからの留学生らの反発、抗議を、「わがまま」「日本語能力の欠如」ときめつけ、「留学生は日本人学生より劣るのだから、四年で卒業できると考える方がおかしい」などと暴言を吐いた。また、この場で配付されたプリントを留学生たちに多く持たせ、「国際学友会の他の学生たちにも読ませるように」と命じたのである。

留学生たちは大礒教授の命令に忠実に従った。そして、留学生たちが持ちかえったプリントは国際学友会の中国・台湾・韓国など四十数名の留学生たちを激昂させた。大勢の日本人学生たちの前で留学生たちが侮辱されたのだ。ただちに緊急の留学生大会が開かれ、大礒教授に対する「抗議書」が起草された。七月五日の「抗議書」では、「歴史を否定し、各国から来た留学生の心を傷つけるのは、国際関係学部の教師としてあるべき姿ではない」と手厳しい。

この「抗議書」を国際学友会の四年生二人が代表して持参したところ、大礒教授は（授業を履修していない）「君達には関係ない」として受け取りを拒否した。そこであらためて受講している留学生二人が抗議書を持参したが、大礒教授から「君達、ひどいねー。とてもひどいことをするねー。今度このようなことをしたら《レッド・カード》を出しますからね」と言われ、抗議書はまたしても受理されなかったのである。

「不正行為」を口実に留学生たちを排除

夏休み明けの九月二日、大礒教授は国際政治学の講義で毎週学生たちに義務づけていたレポートについて、「レポート丸写しの不正行為があった。丸写しという行為はカンニングと同じ」「前代未聞の悪質なもの」という理屈で、授業内容に抗議していた中国・台湾の留学生八名を、受講や単位取得から事実上排除する《レッドカード》とよばれる処分を行った。同じ処分は他の日本人学生三名にも出されたが、大礒教授の独断で国際関係学部の全教授に配付された文書や、非常勤講師控室に張り出された掲示には、なぜか外国人留学生だけがその氏名を明記されるという差別的な取り扱いもあった。

留学生たちはこの「不正行為」を身に覚えがないとして全否定している。もっとも、大礒教授の授業で課せられるレポートとは、「国連の原加盟国は？」というような授業の予備知識を問うクイズのようなもので、多様なレポートが期待できる性格のものではない。参考文献を書写すれば、レポートはおのずと似たものになろう。これを、「レポート丸写しはカンニングと同じ」とか、「県大始まって以来前代未聞」で「組織的で悪質」「首謀者がいる」などと言うのは、異議を唱えた学生たちを体よく排除するための言いがかりに過ぎない。

大学当局も、大礒教授が教授会に諮らずに独断で学生を処分したことを問題視し、調査委員会（委員長：宮下淳経営情報学部長）を設けて事実関係の調査を開始した。

だが、調査委員会が設置されたことを自らを陥れる動きと受け止めた大礒教授側が強く抵抗したこともあり、県大の調査は遅々として進まなかった。

県大の日本人学生のなかからは、外国人留学生らと一緒に「国際政治学Aの授業を検証する会」（吉村瑞紀代表）という集まりが生まれ、この《レッドカード》事件を追及していこうという機運も生まれた。また、大学側の調査委員会がなかなか結論を出さないことから、静岡市民のなかから「アジアの留学生と語る会」（代表・松谷清前静岡市議）が誕生し、松谷清さんは二〇〇〇年一月十四日、県大設置者の静岡県に対し、静岡県情報公開条例にもとづき、「国際関係学部教授会議事録」などの情報開示を求める文書を提出した。

なぜ絶対的な権力を持つ教授が擁護されるのか？

一月十四日～十五日から、テレビ・新聞などマスコミ各社が事件を報道するようになったが、外交問題にも発展しかねない大事件なのに、新聞報道は地方版どまりだった。さらに不思議なことには、どの日本語媒体も大礒教授の氏名を伏せて報道したうえ、大礒教授が主張する留学生の「不正行為」には、ほとんど疑問を差し挟まない報道に終始したのである。

大礒正美教授は一九四三生まれの五十八歳。早稲田大学大学院修士課程を経て、フルブライト留学生として米国ジョージタウン大学博士課程に留学。帰国後は野村総合研究所入りし、主任研究員・国際情報室長・東京本部主任研究員などを歴任し、一九九一年より県大の国際関係学部教授に就任した。米国事情に詳しく、県大では国際政治学・現代アメリカ論を担当しているが、その経歴から政財界や報道各社にも顔が広いという。

いっぽう中国人留学生たちの意見を取りまとめてきた楊暁冬君は湖南省出身の二十九歳。広州での社会人経験を経て、大阪の日本語学校で日本語を学んだ。県大に入学してまもなく三年生になるが、静岡県知事が委嘱する「ふじのくに親善大使」という民間使節をつとめ、地元の市民センターではボランティアで中国語を教えるなど、地域社会の国際交流にも貢献してきた。

「なかなか解決しませんね」と水を向けると、楊君は「学生は単位や卒業・就職などの利害で教授や大学に弱味を握られています」と説明した。それでも「県大の自主解決能力を信じています」と期待をこめて語った。

だがこのことは、事件に蓋して嵐の過ぎ去るのを待ち、県大のイメージダウンを避けようとする大学当局の思惑と一致してしまい、問題解決をずるずると先送りさせてきたとも言えるのである。

なお残る留学生たちの名誉回復と逸失利益の補償問題

二〇〇〇年二月十八日、県大は記者会見を開き、遅ればせながら調査委員会の結論を報告した。これによると、独断で留学生らを処分した大議教授を「本来なら懲戒処分に相当」としつつも、「本人の反省を期待して」訓告処分としたと発表した。また大議教授に対し、留学生たちの「不正行為」を証拠づけるレポートを二月二十四日までに提出するよう命じる決定を下した。

だが、大議教授の下した「不正行為」の判断は、証拠が得られなかったことから言及できなかった。留学生たちの「不正行為」に対する名誉回復や、今や確定してしまった単位不認定による逸失利益に対する補償問題の結論は、先送りされてしまったのである。

静岡県立大学は国公立大学初の国際関係学部を擁する「学問の府」だ。国際社会が注目するなかで、県大がこの問題にどのように解決していくのか、今後も注視していきたい。

（註）石川水穂氏は産経新聞教科書取材班チーフをつとめている。

外国人留学生を迫害する日本のキャンパス

政府は「留学生十万人計画」として、海外からの留学生受け入れを積極的に推進している。それ事態は大変喜ばしいことなのだが、外国人留学生の増加と共に、留学生と日本人教員との間でさまざまなトラブルも報告されるようになってきた。

とくに日本人教員の不用意な、あるいは確信犯的な言動のなかには、歴史認識の相違や民族的偏見からくる不当な差別や迫害で、外国人留学生が精神的苦痛を受けたり、授業履修や単位認定などの面で実害を受けるケースも出てきている。

二〇〇〇年夏、麗澤大学で起こった同学非常勤講師による「支那」差別発言事件を中心に、外国人留学生の人権問題を考えてゆきたい。

「支那」が連発された講義

二〇〇〇年七月二十八日、千葉県柏市にある麗澤大学（広池幹堂学長・学生約三〇〇〇人）の掲示板に「本学非常勤講師の交替について」という小さな張り紙が張り出された。張り紙には実名こそ挙げていないが、同大学で政治学・英語講読を担当していた藤井昇講師を担当授業から外すことと、このような決定に至った経緯を大学自身の手で明らかにしたものだ。

ことの発端は六月十四日にさかのぼる。麗澤大学中国留学生会（一五〇人）から、同大学の丸山康則国際経済学部長に「政治学の授業内容に関するお願い」という一通の要望書が提出された。その要望書は「〔藤井昇〕先生の発言に中国を蔑視した内容が頻繁に見受けられ……私たち中国人留学生から先生の発言及び教育方針に批判的な声があがっております」とただならぬ文面で始まる。

具体的には、藤井講師が担当している政治学の授業で、①中国のことを「支那（シナ）」と呼び続けていること、②南京大虐殺や七三一部隊など、日本軍による戦争加害行為について、これを否定する見解を授業で主張していること、③中国を蔑視・批判する右翼団体のものと思われる機関誌を授業で配付したという三点が指摘されていた。

中国人学生たちは「不適切な講義態度で自分の国を侮辱することは、誰しも許すことは断じてできるものではありません」と訴え、「講義での発言及び態度を改善していただく」よう大学に適切な指導を求めるものであった。

事態を重視した大学は、藤井講師と中国留学生会代表との話し合いの場を持ち、両者の歩み寄りの道をさぐった。

話し合いの中で、要望③で指摘された機関誌は、藤井講師が「外国人参政権に反対する」という自分の文章を教材として使うために不注意にも機関誌全部を配付してしまったことを認めた。この機関誌とは、日本世論の会（三輪和雄代表）の月刊誌『世論』（百十一号）のことだ。同号には「朝日やＮＨＫに勝るとも劣らない共同通信の偏向度」「沖縄、稲嶺知事を救え」「中国人の常識は世界の非常識」「土井たか子センセイ中国行状記」「西村真吾防衛政務次官誕生、快挙にケチを付ける朝日」などの記事がズラリと並ぶ。表紙の「日本世論の会の目的」には、「わが国の歴史伝統に照らして偏向する報道を修正」とあり、「本会の運動」の項には「皇室の尊厳をわきまえない報道」「教科書問題に関する報道」「いわゆる《従軍慰安婦》報道」などの「偏向報道の是正と世論の啓蒙に取り組んでいきたい」とある。これだけ読めば、おおよそどのような団体の機関誌かは、想像がつこう。

いっぽう、留学生たちが要望の②に挙げた南京大虐殺や七三一部隊をめぐる歴史問題は、両者の主張がかみ合わずに平行線をたどった。もっともこれは、藤井講師が配付した『世論』誌の他の記事に指摘されたような主張があったというだけで、実際に藤井講師が授業で南京事件や七三一部隊について持論を展開したというわけではなかった。このため、中国人留学生側が要望②そのものを撤回したため、これは争点から消えた。このことは両者の間で事態収拾に動いた鈴木幸夫前国際経済学部長[1]の手記に明らかである。

したがって、最後まで残った争点が、要望①の「支那（シナ）」という呼び方を講義で続けるか否かという問題だった。

藤井講師は九八年から麗澤大学で授業を担当しており、従来は自身の著書でも「中国」を使っていたため、過年度にはこのような問題は起こらなかった。しかし最近になって「シナ」（藤井講師は片仮名で使用）の呼称に固執するようになり、「シナ」は差別語ではないからこれからも使い続けると主張したのである。

たしかに、「支那」の語がもとから差別語だったわけではない。だが、近代史の歩みと共に、中国人に対する差別の意味合いを帯びた歴史があるからこそ、中国人留学生たちが「支那人と聞くと侮辱されていると感じる」と猛反発したのではなかったか？

相手に不快感を与えてまで、この語の方が正しいと固執して使い続ける事は、相手に対する冒瀆以外の何者でもない。これは人間関係の基本ではないだろうか。

七月四日、麗澤大学は藤井講師に「①シナという語は現代用語ではなく、一般的には使用しないのが社会通念になっている。今後はシナの語を使わないこと。②国際関係にも十分配慮した講義をしていくこと」の二点からなる広池幹堂学長名の「お願い」を手渡した。これに対し藤井講師は「シナは現代用語であり、シナ人学生による学問・言論の自由への暴力的弾圧に学長が屈伏しないことを望む」という反論書を提出した。

これを見て大学側は、藤井講師と中国留学生会との関係改善は不可能と判断。七月十七日付で藤井講師の授業をすべて他の講師に交替させる措置を決定し、同日文書で藤井講師にも伝えられた。この決定に対し、藤井講師は「国益の為に信念を貫く」として抗議していく姿勢をみせているが、麗澤大学では「〔藤井講師の〕原職復帰はもはやありえない」（今村稔庶務課長）と説明している。

また、いちはやくこの事件を知り、麗澤大学で中国人学生にインタビューした『中文導報』の周宏記者は、「五人の中国人学生から話を聞いたが、留学生たちは大学の迅速な対応に非常に感謝している」と筆者に話している。

解決への道遠い静岡県立大《レッドカード》事件

ところで、一九九九年から問題化している静岡県立大（以下県大と略す。廣部雅昭学長、学生約二五〇〇人）の中国人留学生らに対する迫害事件は、事件発生から二年近くたつ今も解決の糸口が見えてこない。

ことの発端は、県大の国際関係学部教授の大礒正美教授が、国際政治学の授業で南京大虐殺否定論を展開し、慰安婦を「商行為」と言い放ったことに抗議したアジアからの留学生の抗議に対して、大礒教授が「レポート丸写しの不正行為があった」「県大始まって以来前代未聞の不正行為」「首謀者がいる」などと主張して、《レッドカード》とよばれる事実上の授業受講、単位認定から排除する処分を大学の正式な手続きを経ずに下したことにある。

事件発覚後、学長は直属の調査特別委員会を作り、二〇〇〇年一月十八日に「大学の機関に諮らずに学生を処分した」という理由で大礒教授に大学始まって以来初の「訓告処分」を出したが、レポート不正問題の結論は、四月十三日の学内説明会でようやく「大礒教授が主張するような……留学生の不正行為はなかった」と学内の学生らに説明しただけで、留学生に対する対外的な名誉回復は見送られた。また、大礒教授が下した単位不認定による不利益問題も残っている。

事件後県大では《留学生＝不正》というイメージだけが独り歩きしており、日本人学生が留学生との接触を避けたがるなど、人間関係にも支障をきたし始めているという。七月六日には、留学生を支援してきた「アジアの留学生と語る会」の松谷清氏（前静岡市議）が、留学生代表の楊暁冬君と共に、県公文書公開条例に基づき国際関係学部の教授会議事録や調査特別委員会報告などの開示を求めた。事件の当事者本人からの情報開示請求に県がどのような対応を示すか注目されたが、県側は文書に個人名が入っていることなどを理由に、大部分の資料開示を見送っている。二人は不服申し立てを行い、引き続き県に情報開示を迫っていく考えだ。

圧倒的に弱い立場の留学生が事件後一年以上経過しても名誉回復されずに闘い続け、学生の生殺与奪を握っている教授が、何事もなかったかのように教授の座に居座り続けている現実に、私は強い憤りを覚えている(2)。

二〇〇〇年に発表された統計によれば、日本に居住する中国人は昨年を二万人上回る二九万人を超えた。少子化・定員割れという厳しい経営環境を強いられている私立大学のなかには留学生市場に活路を求めて中国での説明会開催や入試を実施する大学も出てきた。しかし冒頭で紹介した藤井講師の場合、国費留学生を「日本の大学に送りこまれた工作員と考えた方がいい」とかたり、「シナの核ミサイルが日本に照準を据え、シナの軍艦が日本の領海侵犯を繰り返し、シナからの不法入国者が日本の治安を悪化させている」と反中国言論をはばからない(3)。

「反中国」を標榜してやまない石原慎太郎都知事が何らその発言の責任を問われることなく都知事の椅子に居座り続けているご時世だ。中国人留学生はもとより、すでに在日外国人受難の時代が始まっているような気がしてならない。

（1）鈴木幸夫「講義打ち切り処分――その論拠」『諸君！』二〇〇〇年十月号（文藝春秋社）
（2）二〇〇〇年十一月二十八日、静岡市民文化会館会議室で、県大《レッドカード》事件で被害を受けた留学生たちを支援し、真相究明を図っていく市民グループとして、「県立大のレッドカード事件を考える会」（石原康彦世話人代表）が結成された。発足集会にはアジアを考える地球フォーラム、平和と人権のための市民行動、静岡県日中友好協会などの約三十名が集った。同会は、連絡先を静岡県静岡市鷹匠三丁目三番地一号井口ビル三階の「地球ハウス」（電話〇五四－二〇九－五六八二）に置き、大礒教授の歴史認識に関する問題と、留学生への不当処分問題を追及していくという。
（3）藤井厳喜「キャンパスに禁忌なし――南京虐殺を講じて何が悪い」『諸君！』二〇〇〇年九月号（文藝春秋社）。「藤井厳喜」氏は「藤井昇」元講師のペンネーム。著書に『石原慎太郎総理待望論』（早稲田出版）がある。

5――"ナショナリズム"の陥穽

▲…石原慎太郎の東京都知事選挙戦を報じる香港紙

本章には今回の「つくる会」教科書問題の周辺にある諸問題に関する文章を一括した。

石原慎太郎東京都知事ほど、日本人と中国人との間で評価の分かれる人物はいない。東京都知事選挙の過程で、中国を「支那」と語り、「中国は六つに分裂すべきだ」などと中国人を挑発しつづけた石原慎太郎東京都知事。その批判の矛先となった中国と、むずかしい両岸関係にある台湾、さらに「一国両制」下にある香港では、教科書についても個別の事情をはらみつつ、各々のナショナル・アイデンティティを求める方向に走っている。

最後には『教育基本法』と対極にある戦前の『教育勅語』について、これが戦後紆余曲折を経て失効にいたるまでの過程を題材に、いま国会で進行している『教育基本法』の改正論議に通底する、公権力と倫理的価値との関係に論を進める。

［初出一覧］

石原支那差別発言が惹起した日中間の軋轢（『じっきょう資料』一九九九年）に一部加筆

アジアの教科書とナショナリズム（『教職課程』二〇〇〇年十月号）に加筆

「教育勅語」失効す！（『教職課程』二〇〇一年三月号）に加筆

エピローグ：日本史という罠（『情況』一九九八年十二月号）に一部加筆

石原「支那」差別発言が惹起した日中間の軋轢

拡大する日本の華僑・華人社会

このところ、日本の繁華街で中国語の会話を耳にすることが多くなった。それも、横浜・神戸・長崎など、古くからのチャイナ・タウンがあるところではなく、東京・名古屋・大阪などの市街地でのことだ。たとえば東京では、新宿から高田馬場・池袋・大塚にかけての山手線エリアと、小岩・錦糸町など総武線エリアが比較的中国人の多いところとされる。

すでに日中国交正常化から三十年近くが経過している。中国で改革・開放政策がはじまり、留学やビジネスなどの機会をとらえて来日し、そのまま日本に定住する中国人が増えて来ている。長い日本での市民生活のなかで、日本人・日本社会の良いところにも悪いところにも精通した、新しい知日家層が確実に育ってきているのだ。

もう一つの流れとして、蛇頭（スネークヘッド）の手を借りて、我が身の危険をかえりみず、海外で働いてがっぽり稼ごうと夢見る中国人もあとを絶たない。この一部は連日ニュースを賑わせているように、確実に日本に来ている。たとえば福建省の江口鎮という町は、歴史的にも海外渡航者が多いところだが、このなかのある村では、海外渡航者のなかでも、日本で稼いだ者が一番豪華な家を新築するという。法で規制しても密航を繰り返し、不法滞在する中国人があとを絶たないのは、このような日中間の経済格差が背景にある。

いま日本に定住する中国人はおよそ二九万人（二〇〇〇年統計）。これに不法滞在者も含めると三五万人とも、五〇万人ともいわれる。これは約六〇万人を数える在日韓国・朝鮮人社会に迫る規模だ。このうち、東京都民として納税の義務を果たしている中国人は七万人に及ぶ。

彼らのなかには大学・研究機関に勤めたり、その才能を生かして自ら起業家として成功した人も少なくない。いまや首都圏には約二〇〇〇社の華僑・華人経営の企業があり、その下では、約一万人の日本人従業員が働いているという。

こうした比較的所得が高く、高い政治意識を持つ新しい中国人エリートたちのなかには、日本社会への同化が著しい戦前からの華僑と自分たちを区別し、自らを《新華僑》と自称している人たちもいる。

石原候補の「支那」差別発言

一九九九年の統一地方選で、彼ら《新華僑》を憤激させる事件がおこった。都知事選に立候補して旋風をまきおこし、他の候補者を寄せつけることなく一人勝ちした石原慎太郎候補の選挙遊説での発言の数々だ。

都知事選挙の街頭演説で中国を《支那》と呼び、「南京大虐殺は支那のでっち上げです」

「尖閣諸島は日本の領土。政府は武力を用いてでもこれを守るべきだ」「李鵬はオーストリア首相に二十年後には日本はなくなるといった」「支那は六つの国に分裂すべきだ。台湾もそのなかの一つ」「(北京市との友好姉妹都市なんて) 前の知事の時の決定でしょ。俺は知らないよ。副知事が行けばいいんじゃないの」(以上、都知事選挙前後の各紙の報道より)

どれもこれも、将来都知事となり、公人として北京市との友好姉妹都市二十周年の式典に臨まなければならない人の発言としてはふさわしくなく、見識に欠けるものばかりだ。

これらの発言は、その都度東京で発行されている中国語の新聞に掲載され、華僑・華人社会の憤激を買ってきた。これらの媒体は、東京発行のものだけでも、少なくとも二十紙以上はある。その主なものだけでも『中文導報』『聯合週報』『日本新華僑報』『東方時報』『唐訊報』『留学生新聞』『中華時報』『新時代報』『台湾報』『半月文摘』『華成時報』『中国留学生』『日中新聞』など百家争鳴の状態で、その消長もいちじるしい。これら中国語紙の大部分が石原発言を問題にしたのだから、新華僑の怒りは頂点に達していた。

東京新宿の大久保・新大久保を結ぶ通りは、いつしか「国際通り」と呼ばれるようになった。韓国語・中国語の看板がならび、エスニック・レストランも多い。華僑・華人の商用客やリピーターをお得意さんとする安いビジネスホテルも数件ある。いまや、日本有数の中国人街だ。

そんな一角に、中国人がよく集まるレストランがある。新華僑もここに集い、夕食を囲みながら不定期に情報交換を行っていた。一九九九年三月末のある日も、この円卓を囲んで中国人実業家やジャーナリストによる恒例の情報交換会が行われていた。

「石原は中国を《支那》と言っている。とんでもない差別だ!」

「魚釣島（尖閣諸島）に船を出したこともある」

すでに石原氏優勢の報道も流れるなか、新華僑の議論は沸騰した。「石原氏が当選する事態ともなれば、遊説での主張がそのまま実行に移されるのでは」という危惧がつぎつぎと表明された。

選挙戦も終盤にさしかかった四月五日に発表された『私たちの懸念と期待』と題した声明文［資料1］には、石原氏という名指しこそないが、在日華僑の懸念がよく物語られている。その末尾には、個人・団体あわせて二六八もの署名がある。北京市との間で友好都市二十周年式典を司る東京都の首長が、日中関係上歓迎されざる人物に決まりそうな雲行きのなか、日本人社会に対して「本当にこれでいいの?」と問いかける内容になっている。

四月七日の中国新聞社（新華社に次ぐ中国の通信社）電は、新華僑の声明文を紹介する記事のなかで、「在日中国人社会にここまで大きな反響が沸き起こったことは、おそらく今回が初めてであろう」と論評した。

海外の華僑・華人社会にも波紋

声明文の反響はまず、香港で現れた。

四月八日付の香港紙『明報』は「極右派石原慎太郎、東京市長〔原文ママ〕に当選の勢い。

華僑は憂慮」と国際面トップで伝えた。紙面にはなぜか石原氏の遊説写真と並んで、抗日戦争時の中国人処刑の写真が掲載された。続いて十日付の『蘋果日報』紙も「石原が勝てば中日関係に影響」として、国際面の大部分を都知事選報道に割いた。「石原氏が勝てば、自民党に衝撃」「右派の主張が勝利を得る」「石原兄弟の影響力は世代を超越」などの見出しが並び、弟で映画俳優だった往年の裕次郎の写真が添えられる念のいりようだった。

香港で石原氏のニュースが大きく占めたのには深いワケがある。石原氏は、国会議員辞職後の一九九七年五月六日、新進党の西村真悟議員（現在自由党）を伴って、西村議員を尖閣諸島の魚釣島に上陸させるパフォーマンスを演出したことがある。

今の香港市民社会を形成した民衆運動の原点のひとつが、一九七〇年代初頭の「第一次保衛釣魚台（尖閣諸島防衛）運動」だ。沖縄返還とともに、米軍が日本に尖閣諸島を移管することに抗議したもので、当時の「中文運動（中国語公用語化運動）」と並ぶ、学生主導の運動だった。

香港返還をまじかに控えた一九九六年にも、民族派団体の日本青年社が魚釣島に上陸して灯台を建てた。その直後に香港を訪問した池田行彦外相（当時）が「尖閣諸島は日本固有の領土」と発言したため、第二次保衛釣魚台運動がおこった。往年の学生運動の指導者たちは、この時には立法評議会議員（国会議員に相当）や新聞社のデスク、テレビ局のプロデューサーに成長していた。

九六年九月二十六日、魚釣島沖で香港の活動家が溺死した直後には、犠牲者を英雄視する論調が香港を支配し、反日感情は頂点に達した。追悼集会は五万人の規模となり、会場には事実上の中国政府代表である新華社香港支社長までヒナ壇に並んだ。

香港日本人小学校正門前の路上には、地元のケースワーカーの青年たちが、自衛隊の旗である「旭日旗」を踏み絵に描いた。子供たちにまで危害が及びかねない事態に困惑した日本総領事館は、ホームページで在留邦人に行動の自粛をよびかけ、学校側も児童を集団登下校させて防衛する騒ぎに発展した。

イギリス植民地時代に「香港コミュニティ」とも言うべき市民社会が形成された香港では、中国人社会でありながら、《一国二制度》のもとで中国政府による直接の報道統制が及ばない特性を生かし、内外のさまざまな動きに対して、即座にリアクションが見えるという特徴がある。また、抗日戦争の体験に裏打ちされた反日感情は、中国人社会の底流に流れる共通の文化的背景をなす。

石原氏の当選が決まった翌十三日の香港紙『明報』紙は、ダルマに墨を入れる石原氏の写真を大きく掲げ、「極右登場、石原が東京市長に当選」「台湾カードを使って中国を牽制」と、国際面の大部分を割いた。

九九年四月十五日には香港教育専業人員協会（香港最大の教職員組合）ほか三団体が日本総領事館にデモをかけ、小渕首相宛に石原氏の言動を自粛させるよう要請する書簡［資料2］を公開した。石原氏の動向は、早くも統一地方選の問題から、国政・外交問題に発展する可能性を示しはじめていた。

「一種の革命」の怖さ

石原都知事の問題にとどまらず、日本に対するアジアの眼差しは、近年一段と厳しさを増してきている。九九年二月八日付の香港誌『亜洲周刊』には、「マンガに見る旧日本軍の亡霊」と題して、小林よしのり氏の『戦争論』をとりあげ、南京大虐殺を中国側の捏造と主張していることを批判的に紹介した。

三月には「日本、軍国主義の旗幟を正当化」（三日付香港『明報』）、「日本の軍国主義の亡霊、消えず」（四日付マレーシア紙『南洋商報』）など、日の丸・君が代法制化論議が大きく報じられるようになった。

台湾問題絡みで、日米新ガイドラインにも警戒の声があがっている。三月十一日の中国紙『人民日報』は「日本の国防事務を警戒せよ」と呼びかけたが、三月中旬の中国各紙は日米新ガイドラインや、変貌いちじるしい自衛隊の増強を問題にしている。日本の軍事大国化に鈍感なのは、当の日本人だけらしい。

そんななかでの石原氏の当選だった。しかもこの結果は東京都民の民意による結果だ。世界はこのニュースを速報で伝えた。知日家の間では、過去の経験から東京都知事選の動きが日本政局の変化を先取りするものであることを知っており、日本の右傾化報道にも拍車がかかった。

いままで沈黙を守ってきた中国政府も反撃を開始した。四月十八日、中国外務省の孫玉璽報道官は記者会見を開き、石原都知事の反中国発言を批判した。中国政府が他国の一地方首長の発言にこれだけ過敏に反応するのは異例のことだ。つづいて『人民日報』『北京日報』『解放軍報』などの主要紙も石原批判の論陣を張った。

こうした内外の動きに狼狽していたのは本人よりも周辺の人々だったかも知れない。石原氏の当選後の記者会見のそばには、父の挑発的な発言を制止しようと気づかう石原伸晃衆議院議員の姿があった。都庁の役人たちも知事の発言に憂慮の声をあげはじめた。（四月二十日付『朝日新聞』）

当の石原氏も、いったんは「今後は《支那》という言い方はしない」と約束した。こうした周囲の動きもあり、事態はとりあえず収拾に向かった。九九年五月に北京を訪問した鈴木俊一元東京都知事は、友好都市二十周年を迎える劉淇北京市長に、両市の友好と発展を望むという趣旨の石原都知事の親書を手渡した。

だが、石原都知事が見解を改めたというわけではない。石原氏在任中の四年間、日中間ではことあるごとに石原都知事の発言に注目が集まろう。そしてそれこそ、ひょっとしたら、当の石原氏が望んでいた「一種の革命」だったのかもしれないのだ。

［資料1］私たちの懸念と期待——東京都知事選挙をめぐる在日中国人の共同声明——（抄）

東京をはじめ十二都道府県と札幌市では知事・市長選挙が行われています。しかし東京都知事選では、当選という個人的な目的のために、日本全体の利益と東京都民の気持ちをないがしろにし、「支那」という差別的な用語を用い、「なぜ日本人が使うと差別になるのかさっぱりわからない」とまで言ってのける候補者がいます。〔……〕また、南京事件に対しても、きわめて無責任で史実に反する発言を行っています。

東京は日本の首都で〔……〕今回の都知事選挙は〔……〕中国を中心とするアジア諸国からもかなり関心を持たれています。

日本に定住する二五万人の中国人は、選挙権も被選挙権も持っていませんが、今回は日常生活にかかわる地方行政の長を選ぶ選挙ですから、この国に長期的に暮らしている生活者、定住者として、選挙に関心を持つことはきわめて当然なことです。また今後、外国人の地方参政権が認められるという時代の流れから見ても、道理にかなっているところでもあります。

北京市と友好都市関係を結んだ東京都との間に、友好的な関係が構築されたのは言うまでもないことですが〔……〕ある個人の無責任な言動により、これら永年の努力が水の泡と帰してしまうことを、私たちは心配しています。〔……〕

東京都民が真に都民の利益を守り、新しい知事を守り、新しい知事を選任することを心から願っています。〔……〕私たちは日本に定住する中国人として、友好的かつ平和な環境で、中国と第二の故郷である日本が繁栄するよう全力を尽くしたいと願う次第です。

一九九九年四月五日

莫邦富（作家）　耿忠（女優）　毛青丹（作家・神戸在住）　葉千栄（作家・神戸在住）
蔣豊（『日本新華僑報』編集人）　馬馬華（キャスター）　叢小榕（作家）
ほか二六八の団体・企業・個人

［資料2］香港の市民団体が日本総領事館に提出した小渕首相宛公開書簡

日本国首相　小渕恵三先生

最近、貴国の石原慎太郎先生が東京市長に当選しましたが、これは私たちの感覚では驚くべきことです。石原先生は一貫して極右的な観点の持ち主であり、南京大虐殺で三〇万人も死亡したのは、中国人の捏造であると主張しています。また、選挙運動のなかで中国のことを、日本が第二次世界大戦で中国を侵略したときに使っていた《支那》という蔑称で呼びつづけ、中国人の感情を傷つける言論を繰り返してきました。

私たちは日本国民の民主的選択を尊重しますが、彼らは石原慎太郎先生を当選させてしまいました。私たちは貴国の首都の首長に、直接に意見できる立場にはありません。しかし、東京は世界中の注目を浴びる国際都市ですし、市長〔都知事〕という職位は一大都市の長として、その発言は必ずや世界中がひろく注目するでしょう。このように貴国政府の一員である石原先生の石原先生の態度は貴国の外交に一定の影響を与えるものと考えております。

このたび、私たちは石原先生の言論と行為について、もし再び軍国主義に似た声音が聞こえれば、私たちは中華民族の一員として敢然と立ち向かい、貴国の心ある人々や世界の人々に日本軍国主義復活の危険を訴えます。

重要なのは、日本軍国主義がもたらした歴史上の問題を解決することであり、その最もよい方法は貴国政府が第二次世界大戦において日本が中国を侵略した事実を正しく認識し、以下の行動を実行に移すべきことだと考えます。

貴国政府の代表を中国に派遣し、第二次世界大戦で中国を侵略したことを謝罪すること。日本政府は、侵略戦争にともなう賠償責任を引き受ける必要があります。中国政府および香港軍票の被害者を含む戦争被害者への戦争賠償問題にただちに取り組むべきです。

首相閣下、私たちは閣下が石原慎太郎先生の〔中国批判の〕言説を自制させ、再び中国人の感情を損ねることがないよう、切に要望する次第です。

一九九九年四月十五日

香港教育専業人員協会　香港戦争索償促進会　保釣行動委員会

アジアの教科書とナショナリズム――両岸三地の教育事情を見る

1　中国の教科書

中国の教育課程

中国の教育課程は、五年制ないしは六年制の初級学校があり、さらに三年制の初級中学と職業中学がある。その後の高校段階では、三年制の高級中学、三～五年制の中等専門学校、二～三年制の技工学校、三～四年制の職業高校に分かれ、普通高校の卒業者の一部はさらに四～五年制の大学および単科大学に相当する学院、あるいは二～三年制の高等専門学校・短期職業学校に進学する。この上に、二～三年の大学院修士課程と、三～四年制の大学院博士課程がある。

このうち義務教育は初等・中等教育あわせて九年とされ、比較的教育条件の整っている都市部では六歳半から就学する「六・三制」（初級学校六年・初級中学三年）、農村部などでは七歳で就学する「五・四制」（初級学校五年・初級中学四年）がとられている。

中国では一九八六年に義務教育法、九五年には日本の教育基本法・学校教育法に相当する教育法が制定され、教育条件の整備が急がれているが、九五年の統計では、初級中学への進学率が九〇・八パーセント、高級中学への進学率が五一・八パーセントであり、大学進学率もおよそ六パーセントという状態になったという。義務教育の普及は都市部では一〇〇パーセントに近いのだが、内陸部の一部にはまだ就学できない子どもたちが約二〇〇万人（九五年統計）おり、その主たる背景は貧困にある。

歴史教育の重視

さて、小学校では国語・算数・自然・体育・音楽・美術などが学ばれる点では日本の小学校と同じ科目構成なのだが、小学校における思想品徳科（道徳に相当）、中学校における思想政治科（公民に相当）は、思想教育を重視する社会主義国家ならではの科目である。

また、歴史教育は初級学校の場合、社会科の一部として、特定学年では完結しないで複数年にかけて学ばれる形をとる。例示したのは五年制小学校用の四年次で学ぶ近代史の目次であるが、アヘン戦争に始まり、第二章以降は中国共産党史として叙述され、抗日戦争（日中戦争）もこれに含まれる。本章の学習を通じて、中国人が抗日戦争を通じて、自らの民族意識・国民国家を創出していった歩みが理解できる。

[資料]『九年義務教育五年制小学教科書・社会』(第四冊:近代史に相当)

中国人民教育出版社(一九九六年)目次の訳載

第一章　近代の中国(1)——中国人民と正義の志士の勇敢な奮闘——

第一課　林則徐、虎門でアヘンを焼く

第二課　洪秀全と太平天国

第三課　甲午中日戦争(日清戦争)

第四課　戊戌変法

第五課　義和団、外国侵略者に抵抗する

第六課　孫中山と辛亥革命

第二章　近代の中国(2)——中国共産党成立以後の近代革命——

第一課　中国共産党の成立

第二課　北伐戦争

第三課　「八一」南昌蜂起

第四課　井岡山の合流
第五課　紅軍の長征
第六課　抗日戦争の勃発
第七課　解放戦争の勝利
実習課　訪問と見学

第三章　中華人民共和国と国家機構

第一課　中華人民共和国の誕生
第二課　人民代表大会とわが国の誕生
第三課　わが国の国家機構
実習課　参観調査

第四章　社会主義建設の輝かしい成果

第一課　わが国の国産自動車の誕生
第二課　大慶油田の開発
第三課　原子爆弾、爆発実験成功

第四課　人工衛星の打ちあげ
第五課　葛洲壩水利センター工事
第六課　第十一期中央委員会第三会総会と対外開放
第七課　学級会の進め方をかえてみよう

＊邦訳典拠：大沼正博訳・小島晋治監訳『わかりやすい中国の歴史——中国小学校社会科教科書——』明石書店（二〇〇〇年）。同書目次の一部を監訳者によるあとがきを参考にして抽出。

初級中学でも歴史は複数年にわたって学ばれるが、その内容は小学校に比べて格段に詳しくなる。例示した『中国歴史』目次は少し古い教科書のため、中華人民共和国の成立で終わっているが、現在はさらに新しい時代が追加されている可能性がある。

【資料】 李隆庚編『初級中学課本中国歴史』（第四冊）目次

中国共産党の創立と第一次国内革命戦争
第一章　「五四」愛国運動——中国新民主主義革命の開始

第三章　人民解放戦争の発展
第一節　人民解放軍の反転進攻
第二節　三大戦役の偉大な勝利
第四章　人民解放戦争の勝利
第五章　偉大なる中華人民共和国の成立

＊邦訳典拠：越田稜編著『アジアの教科書に書かれた日本の戦争——東アジア編——』梨の木舎（一九九〇年）。目次訳出は蔣文蓉氏。同書には一部の邦訳がある。

中国では、改革・開放政策以後、経済面で大きな発展を遂げたが、同時に沿海部と内陸部の格差や、官僚の汚職や、民衆一般に広がる拝金主義など、経済的豊かさの追求とともに現れたさまざまな社会矛盾が表出している。このようななかで思想教育や愛国教育の重視が叫ばれ、この観点から歴史教育も重視されている。また、中国民衆の反日感情は、抗日戦争時代の肉体に刻まれた経験に由来しており、とくに高齢者の場合は、そう簡単に拭い去れるものではない。

中国政府は日本軍国主義者と日本人民を区別して、日本人民もまた戦争の犠牲者という寛大な「大人の態度」をとっている。だが、日本の政府要人が過去の戦争問題に関して妄言を繰り返したり、とうてい容認しがたい歴史の歪曲などの事実が明らかになれば、原則的な立場で日本政府に苦言を呈せざるをえない。

なぜなら、中国民衆の底流にある反日感情は抗日戦争の歴史的経験に根ざしているから、これが爆発したら収拾のつかない事態にもなりうる。その意味で、最近の日本の一部にある中国敵視論や、本書で問題にしている歴史を歪曲した教科書づくりの動きは、両国の友好関係を破壊するものである。

2　台湾の教科書

日本を想起させる教育課程

いっぽう、台湾の近代的教育制度は日本の植民地時代に始まる。台湾総督府は日本人用の学校とは別に小学校に相当する公学校（六年制）を設立し、一九四〇年には学齢期児童の就学率はすでに六〇パーセントに達していた。四三年には正式に義務教育制度が実施され、日本が敗戦を迎えた四五年にはすでに就学率八〇パーセントを達成していた。

戦後は国民党政府が六年制義務教育を引き継ぎ、六六年には九七パーセントの就学率を達成。六八年からは中学校を含めた九年制国民教育を義務教育とし、現在ではこれを高等学校も含めた十二年に延長する方向で検討をすすめている。

台湾の多数の人々が使う日常語は、中国福建省南部の厦門などで使われている言葉と同じ台湾語（閩南語・福佬語）である。台湾社会で多数を占める本省人（国共内戦以前からの住民）の多くが、福建省南部から清代に国禁を冒して台湾に移民した人々であるためだ。本省人にはほかに客家語を話す客家人や、アミ族などポリネシア系の原住民が含まれるが、街で通用する多数言語は何といっても台湾語だ。いっぽう、学校教育では中国語（北京官話、大陸で言うところの普通話）が公用語としてきたため、戦後の教育を受けた台湾人は中国語会話や読み書きに不自由しない。また、日本植民地時代には日本語で教育が行われてきたため、今では老人世代が日本語人、壮年以下は中国語人という世代間ギャップもある。また、国共内戦後の台湾では英語教育に力を入れており、エリート階層の多くが米国留学を果たしている。このため、日本の同世代よりもはるかに流暢な英語を話す若者が多い。

台湾では現在も、戦前日本の小学校教科書で行われてきた国定教科書制度を採用しており、小中高校の教科書は政府直属の国立編訳館の手で編集されてきた。教科編成も日本のものに似た構成になっている。

特徴的なのは自国語教育である。「國語」とは、台湾総人口のわずか一三パーセントにすぎない外省人の母国語である中国語（北京官話）のことで、本省人（四七年以前から台湾に住み着いている人々の総称）の多数派が使用している台湾語は教育現場では使われていない。

「中華民国」から台湾へ

台湾はながく、中国唯一の正統な統治者を主張する「中華民国」の建前と、実際の管轄権が及んでいる等身大の「台湾」との自己矛盾に苦しんできた。このことは地理・歴史教育に如実に反映している。

台湾で教材として使われている地図には、チベットや内モンゴルも中華民国の版図として描かれている。実際に台湾（中華民国）の管轄権が及んでいるのは、現在では台湾省と金門・馬祖・膨湖諸島など福建省の一部に限られており、中国の大部分は中華人民共和国の統治下にあるのは誰しもが周知の現実だから、虚構の「中華民国」を学んでいることになる。

また「國史」とは、ながく中国史を意味してきた。蔣介石・蔣経国父子による長期戒厳体制（いわゆる「蔣家の台湾」）のもとでは、国共内戦以来の悲願である「大陸反攻」がながく建前としてあり、台湾アイデンティティの構築につながる「台湾史」はながくタブーとされてきた。台湾の人々にとって、それが虚構であることは自明のことではあったが、自国史とはあくまでも中国史でありつづけたのである。

七〇年代になって、日中国交正常化・米中接近など中華人民共和国の国際社会に占める地位が高まるのと反比例して、台湾（中華民国）は急激に国際的地位を後退させてきた。七一年のアルバニア決議案の採択で、国連の代表権を失い、八〇年代には米国の台湾離れがいっそう進んだ。台湾が国際的孤立のなかで生き残る戦略の再検討を迫られるなかで選択したのが、民主化への道程だったのである。蔣経国総統が「時代は変わった」として父蔣介石の時代から数十年に及んだ長期戒厳体制に終止符を打ったのは、八七年のことであった。

『認識台湾』の登場

蔣経国総統の晩年に後継者として指名された李登輝総統は、国民党内では異色の本省人出身者であった。李登輝は蔣父子時代の権威主義的体制から、報道の自由・複数政党制・直接選挙の導入など一連の民主化政策への転換を矢継ぎ早に打ち出し、台湾の大多数を占める本省人に歓迎された。それは同時に中華民国の台湾化であり、国民党の台湾化をも意味していた。

九七年、李登輝時代の終盤に登場したのが『認識台湾』とよばれる教科書である。同書は台湾国民中学向けの国定歴史教科書として国立編訳館が編纂したもので、目次を見てもわかるように、台湾の歴史はもとより、人文地理・政治・経済・社会の多岐にわたって台湾のなりたちを概観する内容になっている。

内容で目をひくのが、従来の教科書ではまったく評価されなかった林献堂・蔣渭水などの人物についても詳しく紹介されたことである。また、日本植民地時代は「日帝時代」という呼称からより穏和な「日治時代」と変えられた。その「日治時代」最大の住民虐殺事件といわれる三〇年の霧社事件についても詳しい説明が認められるが、同時に植民地統治のネガティブな面だけでなく、鉄道・港湾の整備や製糖業など、日本の植民地政策が台湾の産業インフラや教育インフラなどを推進した部分を光の部分として評価していく姿勢が見られる。

いっぽう、戦後の国民党統治下でおこった本省人弾圧事件である二・二八事件（四七年）について、「行政長官公署の施策が妥当を欠いたため」と、抽象的で不十分ではあるが、事件の原因が政府当局側にあったことを明記したのは本教科書が初めてであった。

なお、台湾の教科書では日清戦争後に下関条約で台湾割譲が決まって日本軍が武力進駐したとき、丘逢甲・劉永福らが「台湾民主国」の建国を宣言して日本軍に果敢に抵抗した歴史にも詳しい。「一つの中国」という立場からすれば、台湾独立を示唆する叙述は史実だとしても好ましくない。したがって中国・香港の教科書ではこの事実はいまだにタブー視され、日本の高校日本史教科書でもわずかに三例しか叙述されていない。これが『認識台湾』で詳しく取り上げられているのは、教科書における台湾化を一層推進するものといえよう。

【資料】『認識台湾（歴史篇）』の目次

第5章　清朝時代前期（第1節：政治の変遷／第2節：経済活動／第3節：社会と文教の発展）
第6章　清朝時代後期（第1節：開港と国際貿易／第2節：日本軍の侵台と清朝の治台政策の改変／第3章：省設置後の積極的建設）
第7章　日本植民地統治時期の政治と経済（第1節：台湾民主国と武装抗日／第2節：政治と社会支配／第3節：植民地経済の発展）
第8章　日本植民地統治時期の教育・学術と社会（第1節：教育と学術の発展／第2節：社会の変遷／第3節：社会運動）
第9章　台湾における中華民国の政治変遷（第1節：初期の政治／第2節：中央政府による台湾移転後の政治の発展／第3節：外交と両岸関係）
第10章　台湾における中華民国の経済・文教と社会（第1節：経済発展／第2節：教育と文化／第3節：社会の変遷）
第11章　未来への展望

＊邦訳典拠：蔡易達・永山英機訳『台湾を知る』雄山閣出版（二〇〇〇年）より。

3　香港の教科書

英語力で進路が決まる社会

英国植民地時代から、日中戦争・国共内戦・文化大革命など中国大陸の政治的・社会的変動のたびに移民・難民を受け入れてきた香港は、人口の社会増が激しい社会だ。日本占領下から解放された一九四五年にはわずか六〇万人あまりだった香港の人口は、その後の半世紀を経て、現在は六八〇万人の人々がひしめきあうアジア有数の都市国家に変貌した。これは大阪府・神奈川県の人口にも匹敵する規模だ。

イギリス香港政庁は、当初中国系住民の教育にあまり熱心ではなかった。だが一九六〇年代に進行した、広東語を母語とする香港コミュニティの形成や、一九六七年の香港暴動の苦い経験を境に、中国系住民の民生にも力を入れるようになった。廉価な公共住宅の大量建設や、断水がちだった水道問題の解決、さらに通勤の足となる地下鉄網（ＭＴＲ）や市街地と郊外の団地を結ぶミニバス網の整備など、七〇年代～八〇年代に都市としてのインフラ整備が急速に進んだのである。

こうした変化のなかで、従来の製造業・商業従事者に加えて、政庁の公務員や、金融・貿易・教育・医療・社会奉仕などの分野で専門的な業務をおこなう新中間層の需要が増加し、これら新中間層にみあった中等教育・高等教育機関の拡充が急速に進んだ。

いっぽう、急増する学齢人口に対し、学校・教師の絶対数は不足がちのまま推移してきた。『香港街道地方指南』(一九九九年版)の巻末索引でカウントしてみたところ、香港には公立・私立合わせて五〇六校にのぼる小学校(六年制)がある。そしていまだにその大部分が午前部・午後部を併設する二部制授業を行っている。日本では二部制授業というと敗戦後の教室が不足していた「焼け跡・闇市」時代を連想しがちだが、人口密度が高い香港では、いまだにこれが常態なのである。さらに幼稚園や保育所にいたっては、市街地の雑居ビルのワンフロアーを借りて営業している所も多く、一階に店舗、二階が幼稚園、三階にはラブホテル、四階に護老院(老人ホーム)という、人生の階段をそのまま登りつめていくような雑居ビルもあるのだという。

中等教育はフォーム1(中学一年相当)からフォーム5(高校二年相当)に至る五年制をとり、中国語以外のほぼ全科目を英語で教授する英文中学校(英中文法学校)と、英語以外のほぼ全科目を広東語(中国語)で教授する中文中学校(中文法学校)に大きく大別される。また、このほかに職業高校に相当する工業中学校(専門学校)や職業専修学校がある。

この中等教育段階で、香港の子どもたちは厳しい進路振り分け競争にさらされる。香港の義務教育は日本と同じ九年制だから、フォーム3(中学三年相当)の修了時に香港特別行政府政府教育署が主催する「初等中等教育成績評価」(JSEA/The Junior Secondary Education Assessment)という試験に合格しないとフォーム4(高校一年相当)には進学できない。ここで淘汰された子供たちはフォーム３（中学三年相当）の修了をもって学業を離れ、実業界をめざすことになる。いっぽうＪＳＥＡに合格した子どもたちは、さらにフォーム５（高校二年相当）まで進み、今度は政府教育署が実施する中等教育検定試験（ＨＫＣＥＥ／The Hong Kong Certificate of Examination）という統一試験（英語・中国語・数学の必修三課目を含む五課目）を受験して、これに合格してはじめてフォーム６（二年制の大学予科）に進み、大学進学の準備に入るのである。

高等教育機関のうち、大学には一九一一年に創立した伝統ある英国式教育を特徴とする香港大学（英国式の三年制・四年制移行を検討中）と、一九六三年に崇基学院など三つの単科大学が合併して創立した香港中文大学の二大学のみの時代が長く続いた。この二つの大学には当然のことながら収容人員に限りがあるから、香港のかつての大学はかなりのエリート性を確保してきた。この二つの大学以外の進学の道としては、裕福な家庭の子女を中心に、英国・米国・カナダ・オーストラリアなどの大学に留学する方法が早くからさかんに行われてれきた。

ところが香港社会のなりたちから、学齢人口のピークが日本の「団塊二世」よりもおよそ十年後にあり、香港市民の大学進学熱もあって、将来の大変な進学難が予測された。このため教育署は八〇年代末から高等教育の拡充につとめた。八八年に香港科技大学が誕生したのを手始めに、香港理工大学・香港城市大学・香港パブテスト大学・芸術大学など、従来は専上学校（専修学校）の地位に甘んじてきた諸学校が、その教育サービスについての厳しい審査の末につぎつぎと大学昇格を果している。近く嶺南学院も大学昇格も認められる見込みで、香港の高等教育機関の拡充・整備には目を見張るものがある。

英文教科書と中文教科書

香港の教科書は民間の複数の教科書出版社が作成しており、編集が完了した段階で特区政府の教育署にそのコピーを一部提出することになっている。教育署ではこれを審査し、好ましいとされた教科書については「推薦教科書リスト」と呼ばれる一覧表に登載して各学校に紹介している。ただし採択は全面的に各学校の自由裁量に任されている。

各学校では多くの場合「推薦教科書リスト」から教科書を採択するが、学校の教育方針によってはリスト外の図書から教科書が選ばれることもあるという。この点は日本の教科書検定制度に比べてかなりゆるやかな仕組みと言うべきであろう。なお、教科書は基本的に有料だが、義務教育課程での貧困家庭には就学補助があり、私立学校の成績上位者二〇パーセントの児童・生徒にも特区政府が授業料を免除している。このように実際に奨学の費用を必要としている者に、教科書代も含めた必要な資金を提供する仕組みは、一律に教科書代を無料化している日本よりもきめ細かく、奨学補助の仕組みには充実したものがある。

これら教科書は、日本からの観光客でも、中環の三聯書店、銅鑼灣や佐敦にある商務院書館、油麻地の中華書局などの繁華街に立地している大型書店で購入することができる。それぞれの教科書は日本の教科書に比べて大判（B５判ないしはA４判）で紙も厚く、全ページカラー刷りで、写真・挿図もふんだんに使われている。

また、英文中学・中文中学の別に対応して、教科書にも英語のものと中国語（繁体字）によるものがある。

軽視されてきた歴史教育

香港では社会科（地歴・公民科）は「通識教育（常識科）」と呼ばれてきた。たとえばフォーム1からフォーム3（日本の中学校相当）の「通識教育」の課程を教科書の目次に追うと、以下のとおりである。日本の科目で言えば、保健体育・歴史・地理・政治経済の分野にまたがる「通識教育」の内容が、地元香港の話題を交えつつも、グローバルな視点から要領よく編成されているのがわかる。しかもそこで強調されているのは、自立した市民としての知識・判断力の育成である。

［資料］香港における返還前の通識教育（常識科）の教科書目次の概要

紀士偉・史季雅・梁一鳴『通識教育・今日香港』香港研文出版（遠東）有限公司（一九八九年）

中学一年（上巻）

第1章　成長（個人の成長／健全な体格／安全教育）

第2章　人類社会の生活（個人と社会／氏族と部落の生活家庭生活）

第3章　香港の歴史（先史時代の香港／一八四一年以前の香港／一八四一年以後の香港）
中学一年（下巻）
第1章　香港の環境（香港の地理的環境／地図と略図／香港の天気と気候）
第2章　土地と海の利用（農業／漁業／環境汚染と保護）
第3章　今日の香港の生活（食物／運輸／住宅／教育）
第4章　成長中の社会（香港市街地の成長と土地利用／貿易と運輸）
中学二年（上巻）
第1章　健康と福祉（医学と衛生の発展／香港の医療制度／薬物教育／救急の基本）
第2章　人類社会における生活（個人と社会／青少年の生活）
第3章　工業化（工業化の開始と発展／運輸業と農業の進歩／電力の発展）
第4章　香港の工業化（現代工業の成長／香港の軽工業／重工業／観光業）
中学二年（下巻）
第1章　都市化（都市ローマ／マルコ・ポーロの描いた杭州／エリザベス時代のロンドン／香港のニュータウン）
第2章　環境の汚染と保護（汚染の原因と影響／環境制度）
第3章　私達と近隣（私達の近隣／香港の人口）
第4章　政治制度と法律（香港の政治制度／法律と秩序／香港の犯罪問題）
第5章　戦争と平和（戦争の原因・結果／世界平和を求める努力）

中学三年（上巻）

第1章　成熟に向けて（成長のための準備／就職のための準備／余暇の過ごし方）

第2章　健康と福祉（麻薬撲滅／公共の健康と福祉）

第3章　個人と社会（権利と義務／古代ギリシャ・ローマ市民の権利と義務／その他の形式の政治体制）

第4章　人口問題（世界人口の増加／今日の世界人口／人口の流動／人口問題と解決方法）

第5章　環境の汚染と保護（香港の環境汚染）

中学三年（下巻）

第1章　オーストラリア・アフリカ・さまざまな国々の生活（オーストラリアの概況／砂漠地帯／オーストラリアの小麦・綿工業／都市と工業／香港・オーストラリア・アメリカの関係／アフリカの概況／南アフリカの金鉱とダイアモンド／中国の農業生産／カナダの林業／ヨーロッパ経済共同体）

第2章　香港の産業経済構造（生産者と消費者／分業と専門化工場構造の構成要素／生産の構成要素／現代貿易のサービス施設／消費者教育／産業の促進と貿易機構）

第3章　都市化（都市化／都市化の影響）

第4章　さまざまな国際問題（勢力の均衡と国際衝突／貧富の差と国際平和／エネルギー資源の危機）

第5章　国際協力と理解（国際協力促進のための機構／環境保護と国際協力）

＊邦訳典拠：大橋健一「新中間層の発生と「香港人」意識の形成」（論文）より。沢田ゆかり編『植民地香港の構造変化』アジア経済研究所（一九九七年）所収。

最も興味が持たれる歴史教科書については、ながく英国植民地下にあった影響もあり、一国史に限定しない欧米型の『歴史』と、自国史に限定した日本型の『中国史』の両方がある。このうち『中国史』の教科書を見ると、年齢の幼い小学校段階では原始・古代史を中心に学び、中学校の義務課程では中世・近世史を履修している。そして年齢が高くなってから近現代史を学ぶという仕組みになっている。年齢階梯が進むに従って現代史に近づくという点では欧米の歴史教育に似た仕組みだ。

ただし「中国史」における地元香港史の重みはきわめて低く、比較的詳しいのはアヘン戦争の時期ぐらいである。香港は辛亥革命を担った孫文の活動拠点のひとつであったし、日中戦争（抗日戦争）では抗日運動・援蔣ルートの要衝として機能していたため、アジア太平洋戦争勃発と同時に日本軍に占領された歴史を持つ。大本営直轄の香港占領地総督部が置かれ、三年八カ月にわたる軍政統治が行われた。軍票の強制、海南島への労働者徴用などは今も香港市民の語り種になっている。ところが教科書には九・一八事件（柳条湖事件）や七・七事件（盧溝橋事件）は詳しく叙述されているが、香港の日本軍政に関する叙述は筆者の手持ちの『中国歴

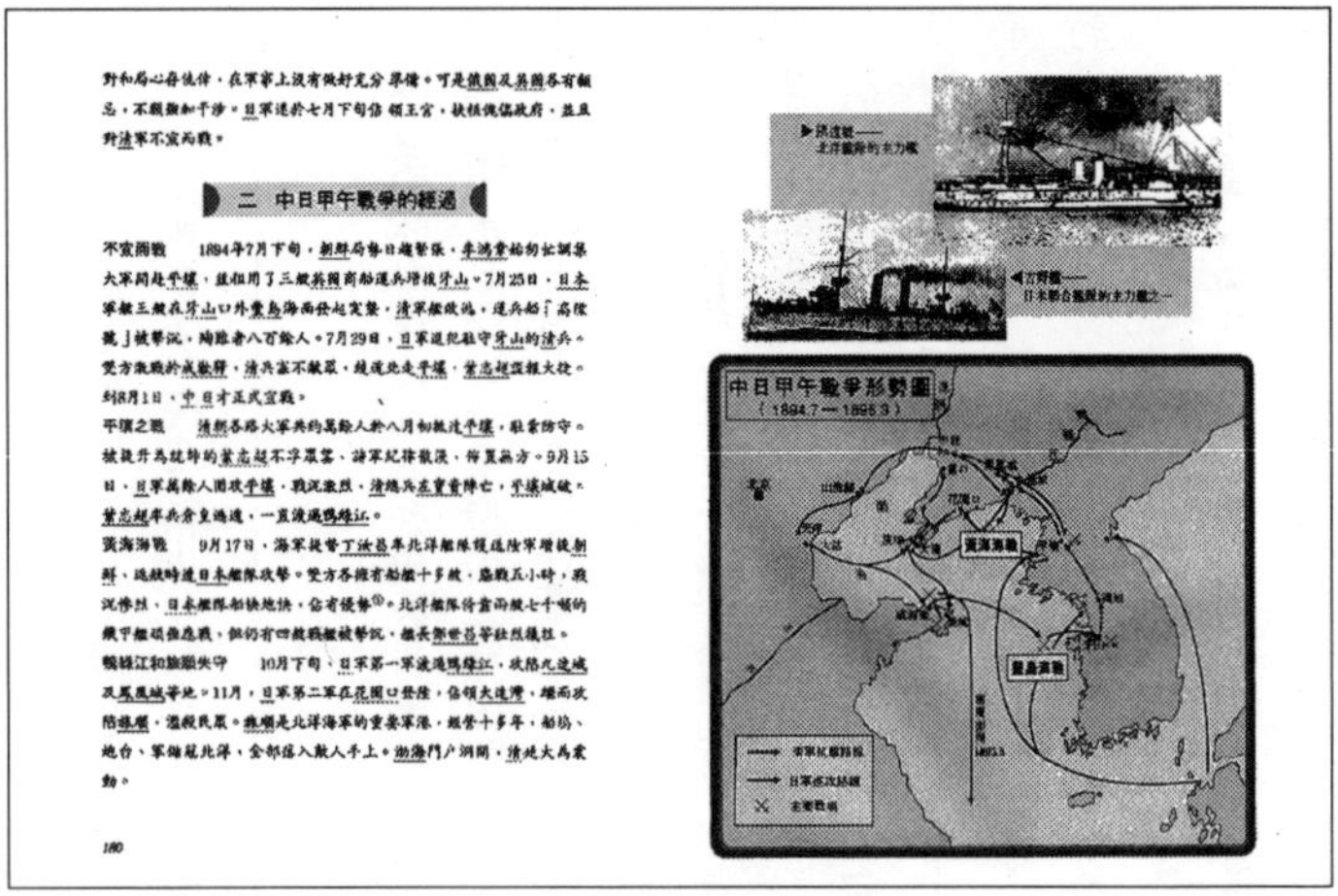
對和局心存僥倖，在軍事上沒有做好充分準備。可是俄國及英國各有顧忌，不願插手干涉。日軍遂於七月下旬佔領王宮，扶植傀儡政府，並且對清軍不宣而戰。

二 中日甲午戰爭的經過

不宣而戰　1894年7月下旬，朝鮮局勢日趨緊張，李鴻章始約北調集大軍開赴平壤，並租用了三艘英國商船運兵增援牙山。7月25日，日本軍艦三艘在牙山口外豐島海面發起突襲，清軍艦敗逃，運兵船「高陞號」被擊沉，殉難者八百餘人。7月29日，日軍進犯駐守牙山的清兵。雙方激戰於成歡驛，清兵寡不敵眾，繞道北走平壤，葉志超謊報大捷。到8月1日，中日才正式宣戰。

平壤之戰　清朝各路大軍共約萬餘人於八月初抵達平壤，駐紮防守。被提升為統帥的葉志超不孚眾望，諸軍紀律散漫，佈置無方。9月15日，日軍萬餘人圍攻平壤，戰況激烈，清總兵左寶貴陣亡，平壤城破。葉志超率兵倉皇逃遁，一直渡過鴨綠江。

黃海海戰　9月17日，海軍提督丁汝昌率北洋艦隊護送陸軍增援朝鮮，返航時遭日本艦隊攻擊。雙方各擁有船艦十多艘，鏖戰五小時，戰況慘烈，日本艦隊船快炮快，佔有優勢①。北洋艦隊倚靠兩艘七千噸的鐵甲艦頑強應戰，但仍有四艘戰艦被擊沉，艦長鄧世昌等壯烈犧牲。

鴨綠江和旅順失守　10月下旬，日軍第一軍渡過鴨綠江，攻陷九連城及鳳凰城等地。11月，日軍第二軍在花園口登陸，佔領大連灣，繼而攻陷旅順，濫殺民眾。旅順是北洋海軍的重要軍港，經營十多年，船塢、炮台、軍儲冠北洋，全部落入敵人手上。渤海門戶洞開，清廷大為震動。

180

▲…日清戦争について記述する香港の歴史教科書

史』推薦教科書ではまったく見いだせなかった。

なお、香港現代史の重大な画期となり、今でも政治的にデリケートな問題として扱われている八九年の六・四天安門事件（第二次天安門事件）については、現時点ではこれを記載している推薦教科書は一冊もない現状にある。

香港返還（祖国回帰）前後に勃興した香港史ブームを機に、香港史の空白を埋める作業が始まっている。教育現場では、中国史の一部として香港の歴史を教えようという動きが強まっており、民間研究者の高添強が著した『香港今昔』（三聯書店）は、各中学校で副読本として引っ張りだことなった。出版後まもなく初版の五〇〇〇部を完売したが、日本に比べて出版市場規模のはるかに小さな香港で、一万部を超えるロングセラーになった。

著者の高添強は香港博物館などが催す市民セミナーでも引っ張りだこで、ビジネス中心社会のなかでながく軽視されてきた香港史に対する強い関心が、香港市民の間に勃興していることがうかがえる。このように現在の香港には、香港アイデンティティを希求するに相応しい市民社会が確実に形成されている。

揺れる香港の教育現場

祖国回帰後、香港特区政府は英語で大部分の教科を講ずる英文中学が多すぎるため、これが英語力が十分でない生徒の学力不振に結びついたとして、英文中学を香港全体で成績上位から一〇〇校に絞りこみ、他の中学を強制的に中文中学に転換させることで、より高い教育効果を目指そうとした。ところが教師や父兄の間には大学進学に有利な英文中学に期待する声が根強く、中文中学への転換を迫られた学校の教師・父兄と特区政府との間では激しい対立が生まれた。こうした紆余曲折を経て、特区政府は英文中学の制限を断行したのだが、現在の香港教育界で話題になっているのは、皮肉なことに若い世代の英語力低下にさらに拍車がかかったというニュースである。最近になって特区政府は、この政策の失敗を公式に認めはじめたという。

4　まとめ——複雑な華人社会のエスニック・アイデンティティー

中国・台湾・香港の教科書を解きあかす鍵は、その国家・地域のおかれてきた立場や、使用言語と歴史教育にみられるエスニックの問題だろう。

中国の場合は、少数民族や方言の問題は残るものの、中国語簡体字もめざましく普及しており、どのような山間部でも、テレビ・ラジオなどを通じて普通話（中国語）が聞き取れるようになってきている。初等教育の普及もめざましいものがあり、すくなくとも外目には、複雑な要因は見当たらない。

いっぽう台湾では、権威主義的体制のもとで大陸から渡ってきた外省人がながく統治者として君臨してきたため、多数派である本省人の生活言語（台湾語）とはかけ離れた、北京官話（中国語）による教育が続けられてきた。他方香港では、一世紀半に及ぶイギリス植民地統治の伝統もあり、英語教育が重視されてきた。香港市民にとっては英語力を身につけることが、「お金を得る」手段であり続けた。香港市民の日常生活言語は広東語であるから、大学進学がほぼ英文中学出身者に限られてきたなど、生活言語である広東語は、香港の教育現場でながく疎外されてきたことになる。

生活も教育も基本的に日本語だけでこと足りる日本人には考えにくいことなのだが、教育現場で他国語による授業が押し通されてきた伝統というのは、台湾・香港の人々に、つねに「よそゆきの言葉」でコミュニケーションするというもどかしい習慣を与えることとなった。だが同時に、彼らは日本人のそれとは比較にならない優れた語学力と多文化共生の知恵も獲得してきたのである。

いっぽう、歴史教育では中国・香港・台湾ともに民族教育を重視する方向に傾きつつも、中国との関係において、香港と台湾の場合は対照的な方向に進みつつあるように見える。すなわち台湾では『認識台湾』に見られるように中国エスニックから台湾エスニックへの転換が進行しているのに対し、香港の場合は『中国史』教育の重視を通じて、少なくとも政策的には、中国人としての求心力を重視する方向に進んでいると考えられるからである。たしかにこれに付随して『香港史』も確かな地位を確保しつつあるのだが、その方向性は、中国に対する遠心力として働くのではなく、むしろ『中国史』のなかの『香港史』として位置づけられる方向に向かうと思われる。このことは、特区政府推薦の教科書では六・四天安門事件に関する叙述が抹殺されていることからも自明であろう。

香港最大の教職員団体である香港教育専業人協会（教協）を擁し、六・四天安門事件に関する教育の継承を主張する民主派も、『香港史』を『中国史』のなかに位置づける方向で動いており、中国の現状や近い過去の歴史に関する評価にいくぶんの異論を残したとしても、『中国史』に収斂する方向に向かうと思われる。

香港の人々は自分たちのことを「中国人ではあるが、大陸の中国人とはかなり違う」と説明する。これに対して台湾人口の八割以上を占める本省人は、自身のことを「華人ではあるが、中国人ではない」と説明している。現状では、このあたりの違いが香港・台湾の教科書のあり方をそれぞれ特徴づけているのではないだろうか。

『教育勅語』失効す！――国会で何が議論されたか

『教育勅語』の風景

戦前の学校では、子供たちは紀元節（現在の建国記念の日）・天長節（天皇誕生日）などの祝日には、学校に登校して、荘厳に営まれる儀式に参加しなければならなかった。儀式の式次第は、一九〇〇年制定の「小学校令施行規則」第二十八条にある。まず君が代の斉唱があり、つづいて天皇・皇后の肖像画である御真影に対して最敬礼がおこなわれる。まもなくして、シーンと静まりかえった講堂に、モーニングで正装し、両手に白手袋をはめた教頭が登場する。その両手には桐の箱に納められた『教育勅語』があり、これを目の高さに掲げて前進し、壇上の校長にうやうやしく差し出す。校長はこれを一礼して受け取り、箱の紐をほどいて絹のふくさに包まれた『教育勅語』の巻き物を取り出す。校長は『教育勅語』を両手で頭上に高く掲げ、これに一礼したのち、おもむろに巻物を開いて式場に響きわたる低い声で勅語奉読が始められる。

奉読は一字一句読み誤っても不敬とされ、校長自身はもとより、会堂した訓導（教師）や生徒たちにとっても緊張の時間であった。わずかに咳払いの音がするぐらいで、今日のように、私語で注意されることなどまったく考えられない、静粛な儀式であったのだ。子供たちは、先生に叱られないようにひたすら頭を低くして、ひたすら儀式の終わるのを我慢するのだが、これだけでは儀式はまだ終わらなかった。「御名御璽」の言葉で勅語奉読がしめくくられると、今度は祝日のいわれを説く校長の退屈な式辞が始まった。そして最後に、その祝日に見合った式歌を斉唱して、ようやく式典は終わることになる。子供たちは担任の先生から薄い紙に包まれた紅白の落雁（菓子）をいただき、ようやく家路につくことができたのである。

このように、荘厳に営まれることを旨とする儀式だったから、思いがけない失敗が笑うに笑えない大事件に発展することもあった。一九三三年六月のこと、東京の日暮里小学校で新校舎落成の式典が行われた。このとき、壇上の校長に手渡すべき『教育勅語』が、担当した訓導の不注意で『戊申詔書』（日露戦後の一九〇八年に、明治天皇が国民に質素倹約をよびかけて渙発した詔書）が手渡されるというハプニングがあった。

校長は巻物を開いて中身が『戊申詔書』であったため、大いに狼狽した。ゆっくりと式場内を見渡したが、まわりの人は誰一人気がついていない。そこで校長は、訓導をかばう一念から、何事もなかったかのようにとりすまして、暗記していた『教育勅語』を朗々と奉読し始めたのである。

しかし内心の動揺は隠せない。まもなく顔は真っ赤に染まり、顔中から脂汗がだらだらと流れた。そして緊張のあまり、校長は奉読の途中で急に声が出なくなり、とうとう立ち往生してしまった。ここで事態の急変に気がついた訓導が、あわてて校長に『教育勅語』を差し出し直し、校長は声を震わせながらも『教育勅語』をどうにか奉読し終えたのである。

この晴れがましい式典には地元の名士や、視学、父兄なども列席していた。したがって事件は新聞にも報ぜられるところとなり、ひろく人々に知れわたった。列席していた学務局長は、「〔校長は〕私に『まことに畏れ多いことをしてしまって申し訳ない』と泣いて語りました」（『東京日日新聞』一九三三年六月六日）と証言しているが、校長らは事件を深刻に受け止め、ただちに「進退伺い」を提出、謹慎にはいった。

新聞は翌日も「首席訓導以下二十名の全訓導は、『同僚の失敗は全訓導の過ち』という同僚愛から職員会議を開き連名で陳謝文を起草、……右事件につき、市教育局では、学務課で協議、両氏の進退伺い、及び始末書を東京府に提出、適宜の処置を上申することになった。市としては、地元の日暮里方面の有力者・父兄代表などの涙ぐましい嘆願もあるということとて、できるだけ寛大な処置を以て臨みたい意向である」（『東京日日新聞』一九三三年六月七日）と仰々しい対応が続く。

この騒動ひとつをとっても、戦前の学校行事で『教育勅語』奉読がどのような重みをもっていたかが伝わってこよう。実際、祝日の儀式に使われる『教育勅語』や「御真影」の保管・管理をめぐっては、火災により多くの殉職校長を出してきた。これらは当初校長室で保管・管理されていたが、のちには校長室から分けて納められるようになった。だが、ひとたび学校が火災に見舞われると、命にかけてもこれらを取り戻そうと、校長が単身火中に飛び込んで焼死、殉職するという痛ましい事件が相次いだ。
作家久米正雄の父、由太郎もこの犠牲者の一人である。由太郎は長野県上田の小学校長の時、火災で学校を焼き、大切な「御真影」を失ってしまった。久米の初期作品、『父の死』では、作品の舞台こそ女学校に脚色されているものの、火災後、父がうち沈んだ姿で書斎でひたすら謹慎している姿や、のちに割腹自殺した父を、肺病で隣室に寝ていた姉が第一発見者となった場面が描かれている。このとき地元の列席者は、父の葬儀に臨んだ主人公（久米正雄）に、無神経にも「お父さんの死に方は立派でしたね。坊ちゃん」と語りかけているのである。（久米正雄『父の死』）
こうした犠牲もあり、のちに『教育勅語』などは、学校敷地内に新たに建設された「奉安殿」とよばれる、祠に似た頑丈な建物に奉納されるようになった。そしてこの「奉安殿」は、日露戦後の地方改良運動のおりにさかんに建立された、背中に薪を背負って読書に励む二宮尊徳（二宮金次郎）の銅像とともに、戦前の学校には欠くべからざる風景として定着したのである。

敗戦と『新教育勅語』の奏請

敗戦後、『教育勅語』はすぐに無くなったわけではなかった。東久邇宮稔彦内閣で文相となった前田多門は、「教育勅語は……吾々が忠良なる国民となることと相並んで、よき人間となるべきこと、よき父母であり、よき子供であり、よき夫婦であるべき事をお示しになっております。すなわち国民たると共に人間として完きものたる事を御命じになっております」（一九四五年十月十五日、東京高等女子師範学校――お茶の水女子大学の前身――で開かれた「新教育方針講習会」での挨拶）と、『教育勅語』の方針を戦後も継承されるべきことを言明している。

つづいて文相となった安倍能成も、「一君万民の我が国体は、……大御心が国民各自の心のなかに生き、国民が自ら陛下の民となり、陛下がほんとうに我々の君となり、尊い天皇が同時に我々にとって親しい父になって下さるやうに努めなければならない」（『螢雪時代』一九四五年十月号、旺文社）と、事実上、『教育勅語』の精神を礼賛していた。

第一次吉田茂内閣で文相となった田中耕太郎は、東京帝国大学法学部教授で、戦後初期には文部省学校教育局長として教育行政に参画し、文相を辞してからも参議院文教委員長として『教育勅語』の失効に関わり、その後は最高裁長官にのぼりつめた人物である。

その田中は、いっぽうで「我々は連合国側が要求すると否とに拘わらず、又天皇陛下が詔書を以て命令されたと否とに拘わらず、民主主義や平和主義が人間社会の理想すなわち真理であるが故に、……常に真理に服従し、真理の使途でなければならない」と民主主義礼賛に聞こえる発言をしている。ところが同じ訓示のなかで、「〔国民道徳の頽廃は極めて遺憾であり〕原始的常識的道徳律さえ往々無視せられ、『教育勅語』の内容まで疑惑を以て見られ、また外国人が自己の元首に対している尊敬すらも日本市民として天皇に払わない者も少なくない」（一九四六年二月二十一日、地方教学課長らへの訓示）と、『教育勅語』そのものは積極的に擁護する姿勢を示していた。

このような姿勢は文部当局者だけではない。一九四六年三月に来日したアメリカ教育使節団に協力するため、南原繁東京帝大総長を委員長とする日本教育家委員会が組織されたが、この委員会が文相に提出した報告書の中心議題は、なんと『教育勅語』に代わる『新詔書』の下賜嘆願であった。その報告書には、①『新詔書』には、適用範囲を児童生徒から全国民に拡大、②『新詔書』には、家族および隣保生活、国家生活、日本民族共同体などの精神を含むなどとかかれており、『新詔書』では、「爾臣民……スヘシ」式の陛下からの命令調は避けていただきたいという細かい注文まで付けられていた。米国側も、天皇制を日本人を支配する道具として利用する方針だったため、当初は『教育勅語』には微温的な態度をとっていた。

これに先立つ一九四六年二月二日に、GHQのダイクCI&E（民間情報教育局）局長は、安倍文相に「（占領政策は制度上・経済上の改革には力を入れたが）日本国民に精神的インスピレイションになるものを与えなかった。精神的混沌下にある日本人に精神的指針を与えるためには、勅語によるのが一番効果的であると思う」と、占領軍側から『新教育勅語』の起案を提案していた。そしてこれを、日本人再教育のための「エモーショナル・スプリングボード」（精神的跳躍台）と位置づけたのである。

こうした動きに呼応する動きもあらわれている。京都では『大東亜戦後の教育に関し下し給える勅語』（俗称『京都勅語』）が起草されていた。

「朕惟うに皇祖曩に教育に関する勅語を賜いてよりここに五拾有五年、国運為に興隆し国威四海に輝くを得たり。然るに我が国今や空前の苦難に遭遇し、再建の前途尚遼遠なり。……此の秋に当りて、須く思を維新草創の時に馳せ、斯の五箇条の真意を会得し、君民一体の実を挙げて国体の精華を発揮すべきは言うをまたず。汝臣民、宜しく真理を愛し、良心を明らかにし、責任感をかたくし、自他の人格を尊重し、寛容以て一切の人格を確保し、大和以て共同の実を挙げ、内は文化、政治、社会、経済に於ける凡ゆる機会を均しくしてその楽を分かち、外外国との友誼を篤くし、之と協力して永く平和の礎を定むることに努むべし。是実にわが国教育の大本なり。……惟れ恂に我が国精神文化の真髄を発揮する所以にして、世界の文化に寄与し、万世を日本太平に開くべき道義国家の面目ここに顕るることを得む。汝臣民夫れ克く朕が意を体せよ」（教育の戦後史編集委員会『戦後教育改革とその崩壊への道』四三〜四四頁、三一書房、一九八六年）

この『京都勅語』は起案だけで終わっているが、文部当局はもとより、民間や占領軍の一部に『新教育勅語』を期待するむきが根強く存在していたことは確かだ。

『教育基本法』下で生き残る

こうした動向への批判は既にマスコミの論調にあらわれていた。

社主正力松太郎が戦犯容疑で公職追放され、読売争議の渦中にあった『読売報知新聞』は鈴木東民らが率いる労働組合の管理下にあった。その社説「教育再建を阻むもの」では、田中耕太郎文部省学校教育局長の教育勅語に対する態度を次のように批判した。

「教育勅語にたいする批判を排し、これを一種の自然法であるとして、これに従ふべきことを公職者の立場として強調することは、健全な常識の立場からすれば、これすでに一種の世界観の強制ではなからうか。……〔それは〕封建的なじゅ教〔儒教〕の立場であり、民主主義の視点から歴史的に審判される立場にある」（『読売報知新聞』一九四六年二月二十四日社説）

いっぽう、『朝日新聞』も一面に社説「教育語渙発説を斥く」を掲げた。

「教育の内容は与へられるものではなく、人民の中から盛り上がるもの、人民自らが自主的に行ふものであらう。……政治的機構を、外から与へられること〔占領改革のこと〕は、忍ぶことを余儀なくせられるとしても、国民精神の内容までをも配給されることは、忍ぶことはできないのである」として、平和日本建設の今日、教育勅語が思想的に適さないのは当然、従来の地位を去るべしとした。（『朝日新聞』一九四六年三月二十日社説）

いっぽう一九四六年三月五日から七日にかけて、J・D・ストーダットニューヨーク州教育長官を団長とする総勢二七人の米国教育使節団が来日し、日本の学校、教育の現状を視察するとともに、教師・父兄・天皇など各界の人々と精力的にヒアリングを行い、三月三十一日に、『米国教育使節団報告書』をマッカーサーに提出して離日した。これを受けて、のちに「教育は人格の完成をめざし」という文言で有名な『教育基本法』をはじめ、男女共学・六三三四制など民主社会に照応した戦後日本の教育法制が整備され始めるのだが、その『米国教育使節団報告書』自体には、『教育勅語』について「勅語形式を儀式に用いることと、御真影に敬礼するならわしは、過去において生徒の思想感情を統制する力強い方法であって、好戦的国家主義の目的に適っていた。かような慣例は停止されなければならぬ」と、その扱われ方に注文をつけただけにとどまった。

米国教育使節団の勧告を受けて『教育基本法』原案の起草作業をおこなった文相の諮問機関、教育刷新委員会（安倍能成委員長）も、『教育勅語』にかわる新勅語の奏請こそ否定したものの、『教育勅語』の処遇については教育刷新委員会内部に意見の対立があり、一九四七年三月に『教育基本法』が施行されてからも、あきらかにこれとは相いれない『教育勅語』が学校に併存するという異常な事態が続くことになった。

衆参両院の失効決議

同年秋、田中耕太郎学校教育局長（当時）の「『教育勅語』＝自然法」発言に反発していたGHQのCI&E（民間情報教育局）は文部省に指令を出し、「一、教育勅語を以てわが国教育の唯一の淵源となす従来の考え方を去って、これと共に教育の淵源を広く古今東西の倫理・哲学・宗教等に求むる態度を採るべきこと。一、式日等に於て従来教育勅語を奉読することを慣例としたが、今後は之を読まないことにすること。一、勅語及詔勅の謄本等は今後も引き続き学校に於て保管すべきものであるが、その保管及び奉読に当っては之を神格化するやうな取扱をしないこと」（文部省『勅語および詔書の取扱について』一九四六年十月八日）という文部次官通達がなされた。

CI&Eはこれで引き下がってしまうのだが、日本により徹底した民主化を求めるニュー・ディーラーの牙城だったGS（民政局）はこれだけでは納得しなかった。

GSは管轄内にあった国会に、『教育勅語』および詔書類は『日本国憲法』九十八条の「この憲法は国の最高法規であって、その条規に反する法律・命令・詔勅および国務に関するその他の行為の全部または一部はその効力を有しない」という規定に抵触するから、排除・無効確認を徹底すべきだと、強く働きかけたのである。

一九四八年五月から衆参両院で『教育勅語』などの失効をめぐる審議が始められるが、そもそもGHQサイドからの働きかけであり、内心では教育勅語擁護派の保守系議員たちも、これは「ご時勢」だから仕方がないといわんばかりに最初から白旗をあげたような議論に終始していた。当時の衆議院文化委員会(のちに文教委員会と改称)、参議院文教委員会のいずれの議事録を読んでも、賛成派と反対派による丁々発止の激突には程遠い、いわば手続き論に終始しており、国会での論戦としての面白味はあまり感じられない。

唯一読みごたえのあるのが、一九四八年五月二十七日の参議院文教委員会(田中耕太郎委員長)での議論である。だが、これとて最初は手続き論で始まり、しばしば非公式協議を行っているらしく、議事はしばしば中断し、議事録には、[速記中止]の記載が頻繁に登場する。だが、このような論戦を退屈に読んで(聞いて)いたのは私だけではなかった。

ようやく発言のお鉢が回ってきた羽仁五郎議員(高名な歴史学者)は、「今まで拝聴しておったような議論は、国民が聞こうとする点ではなく、実は幾分二義的な点になっておると思いますので……参議院文教委員会は現在教育勅語をどういう意味において、どういうように処理することが妥当であると考えておるかということについて、国民がはっきり分るような論議をしていただきたい」と苦言で口火を切っている。

さらに羽仁議員は「国民に先ず第一に教育勅語というのは如何に有害であったかということをはっきり示すことが重要なのでありまして、何かの事情で今まではあったけれども、最近は無くなったというような受身的な気持で国民が考えてはならない。あるいは命令によってこれが廃止になったというように考えることは、私はならないと思うのです。……諸般の情勢でこれがなくなったというふうにこれがなって、国民が止めるようになれば、非常に有害であると思う。……〔教育勅語は〕それが真理を述べておろうとも、それが君主の命令によって強制されたという所に大きな間違いがあるのである。……過去の国民には何でも政府で決まったものにそのまま従う悪習があったのです。……道徳上の専制君主の命令によって左右される。道徳のみならず、国民があらゆる生活で、専制君主の命令によって左右され過去の間違いというものを、この際は痛烈に批判してそれを止めるということにあるわけです」と『教育勅語』失効宣言の積極的意義を展開した。

このとき、保守派の多くの議員が「ご時勢だからしようがない」といわんばかりに口をつぐんでいた。そのなかで梅原真隆議員だけは真っ向から羽仁議員に論戦を挑んだ。

「今君主国家における教育勅語が有害であったということを軽率に決めたくない。……過去に有害であったというような断定の下に除去することは甚だ行き過ぎである。個人的な意見に偏しすぎているということを、私は羽仁君の意見に接触して強く主張しておるのであります」。

つまり、戦前には『教育勅語』はよかったが、戦後の民主主義の時代になり、『教育基本法』

のご時勢にはそぐわないから失効決議に賛成するのであり、『教育勅語』そのものが悪いのではないという考え方だ。

これには羽仁議員が挙手して再反論を加えている。

「君主国家の時には君主的なことをやってよかったのだということは、ある意味で今日の国際裁判〔極東国際軍事裁判のこと〕というふうなものを成立させない論拠に通ずるものがあるじゃないかと思って大変心配するものであります。……過去の教育勅語が如何に有害であったかということは、『朝日新聞』にも書いてあります。

『先生が目八分に捧げ何度も敬礼して〔勅語を〕校長に渡すと後ずさりして退る。校長先生はチリメンのふくさを開き何度もおしいただいて全員頭を下げるのを待って、いとも荘重な音吐で読みはじめる。奉読が終るといっせいに鼻汁をすすりあげる音がする。これが神がかり的教育勅語の奉読風景であった』ということは悲しいかな事実でありまして、このため国民があることを正しいことであるとか、間違ったことであるか、そういうことをなすべきことであるか、なすべからざることであるかということを、自分で判断する習慣を失うことは非常に有害であったということを、国民は今日反省しておると思うのであります」。

羽仁議員の再反論で、『教育勅語』の本質的問題性は言い尽くされている。

かくして、議員たち個々の問題意識は別として、一九四八年六月十九日、衆議院は『教育勅語排除に関する決議』、参議院は『教育勅語等の失効確認に関する決議』を採択した。とくに参議院のそれには、『戊申詔書』など、戦前天皇から発せられたその他の有害な詔勅の無効も宣言されていた。かくして、『教育基本法』施行以来一年三か月にわたって共存してきた『教育勅語』は、ここに国家機構の制度上はとどめを刺されることになった。

「神の国」の懲りない人々

しかし、保守政治家のなかには『教育勅語』の失効決議は時勢に対応してやむなく同調したもので、『教育勅語』の自然法的価値にはいささかの変更もないという本音をもつ者も少なくなかった。早くも一九五〇年十一月四日には、広島大学開学祭で広島に出張した天野貞祐文相が、広島駅頭で「君が代の斉唱に続いて、『教育勅語』に代わるべきものがあった方がよい」(『朝日新聞』一九五〇年十一月五日)と記者団に語っている。

これはいっぱんに「『教育勅語』復活発言」と受け止められたため、物議をかもした。天野文相はのち『朝日新聞』十一月二十六日付に『私はこう考える――教育勅語に代るもの――』という長文をよせ、『教育勅語』を失ったことで「日本人の精神生活に対して、一種の空白か生じたような感じを抱く」と感想を述べ、「『父母ニ孝ニ兄弟ニ友ニ夫婦相和シ……国法ニ遵ヒ』というのはわれわれの道徳的基準であります」と『教育勅語』の一節を引用してその妥当性を主張した。そして、「この種のものが知識人にとっては不必要だとしても、一般人にとってはやはり何か心の拠り所として必要」と主張したのである。

これにはさすがの『朝日新聞』も、同日の同じ面に加藤周一(評論家)の「心配な愛国心の再興」と題する文章をあわせて掲載して、バランスをとった。さらに同年十二月一日には、

『道徳教育の在り方』と題する社説で、天野文相の意見に対する反対の意思表示をしている。だが、『教育勅語』に対する郷愁は政治家にとどまらない。

経済界では、植村甲午郎経団連会長（当時）が、明治は古き良き時代、明治精神の精華は『教育勅語』であり、勅語は「明治百年の輝ける金字塔」と『教育勅語』を礼賛している。（明治百年事業団『教育勅語』一九六八年）

最高裁長官をつとめた石田和外も「かつてわが国には教育勅語のような立派な道徳律が存在しただけに、これを失った反動はかえって大きく、現在日本の道徳的頽廃、道徳低下の大きな原因がここに在るのである」（『日本経済新聞』一九七五年四月七日）と主張した。この種の発言は、その後も政界・財界・言論界の有力者の手で繰り返されており、最近では、「神の国」発言で有名になった森喜朗首相自身が、教育勅語を礼賛する発言を繰り返している。

ところで、参議院で『教育勅語』失効で堂々たる論陣をはった歴史学者羽仁五郎はのち、島根県松江近くの仁万（古代には「邇磨」と呼ばれ、斉明天皇が自ら兵を率いて朝鮮に出征する途上、この「邇磨」郷で徴兵したところ、「二万」の兵士が集まったので、これが「ニマ」という地名の由来になったという伝説がある）高校に講演に出掛けた。

講演ののち、懇談の席である教師が羽仁に『教育勅語』をめぐって質問をぶつけて食い下がってきた。「羽仁先生は教育勅語は非常に有害なものであったといわれるけれども、あれに書いてあることは、兄弟は仲良くしろ、父母はだいじにしろ、夫婦は愛し合えということだし、少しも間違っていないじゃありませんか」。

羽仁はすかさず、「あなたは生徒に何を教えているのか」と訊ねると、教師は「数学の教師です」と答えた。
そこで羽仁は、「それじゃあなたは『朕思うに『三角形の内角の和は二直角である』というふうになってもいいんだね」とたたみかけた。
するとその数学教師は「それはちょっと違う」といって口ごもったが、羽仁は「違わないんだ」といって、ゆっくりと説明を始めた。「三角形の内角の和が二直角というのはたしかに正しい。しかし、そのうえに『朕思うに』がつくと問題は別になってしまう。『父母に孝に、夫婦相和し、朋友相信じ……』というのは、三角形の内角の和は二直角というのと同じようなものだ。そして最後に、これらの道徳を守れと天皇が命令しているのだ」（羽仁五郎『自伝的戦後史——予言者の書——』講談社、一九七六年）
現在、国会で検討されはじめている『教育基本法』改正問題は、保守系議員の『教育勅語』に対する郷愁とセットになった論議だ。この国ではいまなお、政・財・言論界のいかんを問わず、道徳的・倫理的価値を天皇なり、国家なりが欽定ないしは、国定・公定しようとする言説・欲望が繰り返されており、今はこれが政治的に強まっている時期にあたる。だが、このような言説、制度がはたして民主社会に相応しいものなのかどうかは、先述した羽仁五郎の根底的批判でほぼ言い尽くされているのではないだろうか。

エピローグ　日本史という罠――歴史における自国中心主義の陥穽

ある小論文答案

予備校の講義をしていると、さまざまな出会いがある。

先日、東京の私立S大学に籍を置きながらW大学をめざしているという仮面浪人の受験生が、開口一番「先生、南京虐殺ってでっち上げですよね！」と主張する。「どうして君はそう思うの？」と尋ねると、「大学の先生がそう言いました」という。さらに詳しく尋ねると、大学では「南京には一般民衆に偽装した便衣兵がたくさんいました」「兵士が殺されるのは戦争だから仕方がないですよね！」「日本軍が何十万もの民衆を殺すことは不可能です」と、どこかで聞いたような主張を並べたて始めた。

この話、実は後日譚がある。さる研究会で再会した知人にこの仮面君のことを話すと、知人はすっかり気色ばんでしまった。S大学で南京事件の授業をしているのは彼しかいないという。そこで、「先生は本当にそのような授業をしたんですか？」と尋ねると、「そのような考え方も紹介するにはしたが、私はあくまでも南京大虐殺は存在したという立場で講義している」と抗弁したのである。くだんの仮面君は、S大学の先生の講義から、自分に都合のいい主張だけ接合して、講義の趣旨とは正反対の勝手な解釈をしていたのだった。

別なある日、小論文科の先生から「こんな答案がありました」と言われて、戦争責任問題に関する受験生の小論文答案を読ませてもらったこともある。

「五〇年前の戦争で日本はドイツのユダヤ人虐殺のような事件をなに一つ行っていない。『南京虐殺』なるものは中国側から一方的につくられたものであり、そこにいた日本軍側の意見などが盛り込まれていない実に虚構性の強い事件なのである。……東京裁判という勝者の観点から押しつけられたもので日本側の意見は封殺された。……祖父たちが大きな犠牲を払いながらもつくりあげてきた日本国を『罪を償っていない』と論じることに私は大きな悲しみを覚える。……現在の日本は、中国や朝鮮などに対するバカの一つ覚えのように平謝りを続けている。もはや謝罪することによって終戦記念日を迎えることはやめにすべきである。……日本は戦前の五〇年間におこなったことが『国の犯罪』でも何でもなかったと言う必要がある」。

もっと凄い答案もあった。

「新聞で喧伝されている日本軍の蛮行というものはすべて連合国ででっち上げたウソだ。……こうした日常に歴史認識なるものが介在する余地はない。……テレビに元慰安婦と名乗るバーサンや、独島なる石ころをめぐって泡を飛ばしてわめく両国政治家が登場する。……過去と繫がっているわけではないのに、過去と幻想的な共同体意識を持つことを暗黙に強制されて、身動きがとれなくなっている」。

小論文の先生によると、これらは過去の答案では評価の高かった優秀な生徒たちのものだという。ところが戦争責任問題に論題が及んだとたん、答案の論旨が豹変したのだという。最初に紹介した答案の場合、戦争責任追及を「陰謀」と退けるいっぽうで、薬害エイズ問題に言及して「厚生省と民間会社の馴れ合いによって起こった犯罪」として、「国家も謝罪し被害者に対してきちんと後始末を付けるべき」と主張している。薬害エイズ問題で被害者支援の論陣をはりながら、これと訣別して日本の過去の戦争行為を正当化してきた漫画家小林よしのり氏の思想的遍歴とよく似ている。

もとより、このような答案[1]では大学合格はおぼつかないのだが、この小論文科の先生は、「最近になって急にこのような答案が目につくようになった」と危機感を募らせる。なぜ若い世代が偏狭なナショナリズムに足をすくわれたのだろうか。これを「自由主義史観」の影響と断ずるのはたやすいが、自国の立場を正当化する歴史認識は過去にもあったことだ。日本の歴史教育の来し方を顧みるなかで、根本的な病理を明らかにしたい。

歴史教育への飽くなき欲望

戦前の学校では国家神道のもと、紀元節・天長節など三大節行事（のち明治節が追加されて四大節行事）が行われていた。『教育勅語』への拝礼を拒否して失職した内村鑑三の不敬事件（一八九一年）を見るまでもなく、これは強制であった。

いっぽう、歴史教育は国史・東洋史・西洋史の縦割りだったが、とくに国史は日本の国体を明らかにし、天皇の統治の正統性を主張する科目として重視された。国定教科書に南北朝を併記した喜田貞吉が休職に追い込まれた南北朝正閏問題（一九一一年）のように、国史教育は天皇制と密接に関係し、明治国家の臣民（国民）意識づくりの中核を担っていた。

戦後、GHQは日本歴史・日本地理の授業をいったん中止させ、歴史教育は内容を一変させて再出発した。新たに米国のコア・カリキュラムの理念から導入された社会科が編成され、かつての「国史」は「日本史」に、「神代」は「原始・古代」に変わった。戦後まもなく発掘された群馬県岩宿遺跡・静岡県登呂遺跡など、先史考古学の成果も教科書に記載された。そして、新たに「東洋史」と「西洋史」を統合した「世界史」が戦後生まれの科目として登場したのである。

だが、冷戦の極東への波及とともに再び歴史教育への政治的欲望が頭をもたげる。一九四九年の五月、吉田茂首相は文教審議会で「昔の日本軍が強かったのは、『教育勅語』があったからだ」と発言し、愛国心教育の重要性を訴えた。衆参両院で『教育勅語』『戊申詔書』などの失効を決議してから、わずか一年もたたないうちの出来事だった。独立後の一九五三年十月には、渡米した池田勇人自由党政調会長に、ロバートソン国務次官補はＭＳＡ援助と引換えに、日本の再軍備を助長する愛国心教育の実施を約束させた。

冷戦構造の日本的形態ともいうべき一九五五年体制の成立にも、歴史教育問題は大きな役割を果たす。一九五五年の八月、日本民主党は『うれうべき教科書の問題』と題したパンフレットを三度にわたって発表し、戦後の社会科教育への強い不快感を煽った。同年十一月十五日に結成された自由民主党綱領の第一には、「……祖国愛を高揚する国民道義を確立するため、現行教育制度を改革するとともに、教育の政治的中立を徹底し、……体育を奨励し……国民情操の純化向上に努める」とうたいあげている。教育の国家主義化は、改憲とならぶ戦後保守政治の原点だったのだ。まもなくして、教科書の国家統制を狙った教科書法案が上程された。これは審議未了で廃案にはなったものの、これを機に教科書検定制度は飛躍的に強化された。家永教科書訴訟（一九六五～九七）はこうした条件の下で闘われたのである。

教科書検定はその後も強化され続けたが、一九八二年に教科書検定をめぐる問題で、アジア諸国から抗議を受けてからは、アジア諸国に対する植民地支配や日本の戦争加害行為については、歴史的事実として明確な証拠のあることについては、かなり具体的に書けるようになっていった。ただし、安全保障・原子力政策・戦後補償問題などでは、政府の見解を記述させる検定に抗すると、教科書の発行そのものが危ぶまれる情況に変わりはない。

現行教育課程では、「社会科」は風前の灯火だ。小学校低学年では「生活科」に、中・高校では「地歴科」と「公民科」に分割、解体されたのだ。小学校六年の歴史では「神話・伝承を調べて、国の形成に関する考え方などに関心をもつこと」とし、「内容の取扱い」では、例えば「聖徳太子・小野妹子・中臣鎌足・聖武天皇・豊臣秀吉・本居宣長・大久保利通・明治天皇・伊藤博文・東郷平八郎」など四二名を列挙して、日本史上の人物中心の歴史学習を指導している。（文部省『小学校学習指導要領』）

つづく中学校の歴史的分野では、外国の歴史にもいくぶん触れるものの、全体に日本史・自国史中心の構成となり、日本をとりまく他民族理解に不可欠なアジア社会の歴史的発展についての叙述量は圧倒的に少なくなっている。

こうして義務教育を修了した子供たちは高校で履修する地歴・公民科のなかから、何を大学受験科目に選ぶのだろうか。一学年に六つの文系クラスをもつある高校で、地歴・公民科から受験科目を想定した科目を一つ任意に選択させたところ、日本史のクラスが四つ成立したという。高校での世界史・地理学習は本格的な他民族理解の端緒となるはずだが、いざ受験科目となると、小中学校で慣れ親しんだ自国史、つまり日本史に受講希望が集中する傾向があるのだ。生徒にとっては消去法の選択だったかもしれないが、小中学校で自国史への動機付けをすり込ませた文部省の教育政策は、この意味で「成功」したといえるのかもしれない。

「脱亜」の風景

ところで、大学受験を希望する予備校生に「国風文化について説明せよ」という短文論述問題を書かせると、多くの生徒が例外なく「外国に影響されない、日本独自の文化」と書く。多少なりとも歴史を勉強した人なら、平安時代の国風文化が唐文化を吸収・咀嚼したうえでの国風化であることは容易に例証できるのだが、このような傾向は江戸時代の国学についても同様にあらわれる。何の前提も抜きに、いきなり「日本人独自の思想」を強調したがる。これとて、儒学における古学の成立なしには説明できないはずだが、生徒は無前提に「日本独特の」を使いたがる傾向がある。

小学校以来長年慣れ親しんできた日本史中心の枠組みが、歴史をあたかも日本人だけで担ってきたような錯覚を与えているらしい。この点、世界史は世界諸地域の歴史を要領よく整理しているものの、いっぽんに西洋史中心の傾向が強く、別個の科目として日本史があるためか、日本史に関する記述には禁欲的ですらある。まるでよそごとのように歴史を読まされている印象がある。つまるところ、日本史は世界史から隔絶されたところにあるのだ。

かくして、独善的かつ傲慢（ゴーマン）な歴史認識がひとり歩きする。子供たちの答案に良くみられる歴史に対する誤った理解を接合して再構成すると、おそるべき日本史像が出現する。

「三～四世紀に大和朝廷が日本全国を統一し、四世紀末には朝鮮に出兵して高句麗と戦うぐらい日本は強かった。五世紀には中国の南朝に朝貢していたが、七世紀はじめに聖徳太子はついに隋との対等外交を実現した。大化の改新によって律令国家が完成し、天武・持統天皇以来、天皇は神と崇められ、以後昭和天皇にいたるまで連綿と天皇権威は衰えることがなかった。元寇では日本だけに神風が吹き、神国思想は全国津々浦々の万民に浸透した。幕末には欧米列強による植民地化の危機が迫ったので、人々は尊王攘夷の声をあげ、明治維新で近代的・民主的な国家が成立した」。

右の文章にはあきらかに十箇所以上の歴史認識の誤りがある。そのいくつかを指摘すると、成立当初の大和政権の領域はおおよそ九州北部から中部地方までだし、高句麗と戦ったのは伽耶の鉄資源とその加工技術の獲得が目的だった。「大君は神にしませば」という文言が『万葉集』に見られるのは天武・持統朝の時期で、その後の天皇権威は藤原氏や武士の台頭で動揺・下降の道を辿る。また、近代天皇制下の天皇権威は、明治維新以後に学校教育や行幸・国家神道などの機会を通じて浸透させ、新たに再構築したまったくの別モノだ。また、幕末期にはインドでセポイの乱（一八五七～五九年）・中国では太平天国の乱（一八五一～六四年）があり、イギリスの帝国主義政策は後退を強いられていた。このころのアメリカの目は中国市場に向けられており、日本は寄港地程度にしか意識されていない。ロシアもいっとき対馬を占領するものの、これは不凍港建設のためで、日本を植民地化する情勢下にはない。つまり列強の脅威とは、一部の人々の主観的な情勢分析にすぎない。さらに明治維新が「民主的な国家」とはほど遠いことは、もはや説明を要しないであろう。

無限大の日本国家

おそろしいことに、子供たちは日本列島に住む人々は縄文時代から日本人（かりに清野謙次説を採っても、正しくは「原日本人」）だと信じており、前近代社会の庶民も、自分たちを日本人だと認識し、天皇の存在は誰でも知っていたと思い込んでいる。

もとより、歴史教科書がこのような書き方をしているわけではない。ただ、教える側のあいまいな歴史認識や、「歴史」をとことん「日本史」として繰り返し学習する教育課程のなかで、いつのまにか日本認識だけを増長させてしまったのだ。

決定的に欠落しているのはアジア認識の貧困である。たとえば高校の日本史教科書ではフェートン号事件（一八〇八年）やモリソン号事件（一八三七年）を学ぶ機会はあるが、朝鮮でおこったシャーマン号事件（一八六六年）などの一連の洋擾事件はまず扱われない。だから、征韓論から江華島事件・日朝修好条規にいたる朝鮮の開国情勢も、朝鮮側の鎖国政策についての十分な理解は欠いたまま、無機質に理解されることになる。この点、清国のアヘン戦争（一八四〇〜四二年）やアロー戦争（一八五六〜六〇年）については、天保の薪水給与令（一八四二年）や安政の五カ国条約（一八五八年）との関係で高校の日本史教科書にも記載があるが、欧米列強の開国圧力のなかで、アジアのそれぞれの社会がどのように受け止め、どのように対応し、どのような結果を招いたかを比較・関連づけて学ぶにはあまりにも不十分すぎる。

もうひとつ心配なのは、近代国民国家の人工性にたいする認識の決定的欠如だ。歴史の教科書では奈良時代の次は平安時代であり、江戸時代の次は明治時代である。日本史ではこれらの時代区分が天皇が住所を移す（遷都）のにあわせて、あたりまえのように語られる。だが、近代化というのは資本主義システムへの一大転換であり、それ以前の時代区分とは明確に異なる、次元の異なる大きな歴史的転換と言ってよいのだが、日本の子供たちに接している限り、これらは「ただの連続」としてしか意識されていないように見える。

日本語の言語環境のなせるわざかもしれないが、英語では「land（陸地）」「country（故郷）」「state（州）」「government（政府）」「nation state（国民国家）」と明確に使い分けがなされている語彙も、日本語ではぜんぶ「国（くに）」に収斂されてしまう。自分たちが属する地域社会や共同体に対する帰属意識や愛情が、容易に愛国心に置換され、無限大に拡大する危険性がここにもある。

いまや世界は好むと好まざるとにかかわらず、ボーダー・レスの時代に向かっている。国民国家原理が万能だった時代はすでに過去のものだ。たしかに、欧州でもネオ・ナチなどの排外的な民族主義者が台頭しているのは事実だが、これとて欧州全体の社民化の趨勢を覆すほどの力にはなっていない。

ところが、日本では若い世代も含めてナショナリズムが幅をきかせ始めている。昨今のマス・メディアの煽動に乗った部分もあるだろうが、これはむしろ日本史中心の教育課程に仕掛けがあるのではないだろうか。もとより、現代を生きるのに歴史的教養は必要であろう。だが、それが独善的な民族主義を再生産してきたとしたらどうだろうか。

京都大学名誉教授の中村哲氏によると、世界の歴史教科書のうち、自国史の枠組みを堅持しているのは日本を含む東北アジア諸国の歴史教科書にみとめられる特徴だという。西ヨーロッパ諸国の教科書はたんに「歴史」として、自国史を含めた同心円的な広がりで歴史叙述をすすめているという(2)。

本稿で述べてきたとおり、戦前の「国史」は民族主義の顕教として機能してきた。それが「日本史」になって、密教ぐらいには薄められたかもしれない。だが、あくまでも一国史の枠組みを堅持しているかぎり、歴史は「国体」とか「国柄」とやらを語る国家主義者・民族主義者の政治的欲望から逃れられないのではないか。

いま、「日本史」の解体が求められているのである。

(1) 三大予備校のひとつ、Yゼミナールで小論文の採点に携わっている大学院生の話によると、このような「自由主義史観」の影響を受けた答案は、小論文を選択した生徒のうち、二十枚に一〜二枚程度で出現するという。また、K塾で小論文を教えている講師によると、このような答案が出現しはじめたのは、一九九〇年代の後半、つまり『SAPIO』誌(小学館)に小林よしのり氏が「新ゴーマニズム宣言」を連載しはじめた時期以降のことだという。

(2) 中村哲「日本の歴史教科書の欠陥は自国史を分けたことだ」『論座』一九九七年七月号、朝日新聞社、および、中村哲編著『歴史はどう教えられているか——教科書の国際比較から——』日本放送出版協会、一九九五年

歴史教科書攻撃の年譜

［一九九三年］

8月　自民党、「歴史検討委員会」設置。九三年十月から九五年二月までに一九人の講師を招き、二十回の委員会を開催。「大東亜戦争」を総括し、侵略・加害を否定。国民の歴史意識を改造するため、「新たな教科書のたたかい」「国民運動」を提唱。

［一九九四年］

3月　藤岡信勝東大教授『社会科教育』（明治図書）に、同年四月号（三月発行）より、『近現代史の授業改革』を連載開始。

［一九九五年］

1月　自由主義史観研究会発足。

9月　自由主義史観研究会機関誌『近現代史の授業改革』（季刊）を明治図書から創刊。

［一九九六年］

1月　『産経新聞』「教科書が教えない歴史」の連載を開始。自由主義史観研究会メンバーによる執筆分担。

6月　自由民主党「『明るい日本』国会議員連盟」を結成。

8月　自由主義史観研究会、中学教科書から「慰安婦」記述を削除するよう求めるアピールを発表。

9月　日本を守る国民会議が「国民運動に関する緊急提言」として「中学教科書から『従軍慰安婦』の削除を求める国民の声を盛り上げよう」と発表。

12月　西尾幹二・藤岡信勝・小林よしのりら、「新しい歴史教科書をつくる会」創立の記者会見。

［一九九七年］

1月　「新しい歴史教科書をつくる会」が設立総会。

2月　自民党「日本の前途と歴史教育を考える若手議員の会」を設立。

［一九九八年］

6月　町村信孝文相、国会で永野茂門議員の質問に答え、「歴史教科書は偏向している。検定前の是正を検討したい（趣旨）」答弁。

7月　「つくる会」第一回総会。

8月　『産経新聞』、二社の高校教科書の靖国神社に関する記述を攻撃。自民党議員が国会で取り上げ、文部省に圧力。二社は正誤訂正を申請。

9月　「つくる会」全国九ブロックでシンポジウム・講演会・大会開催。支部組織設立に着手。

［一九九九年］

1月　文部省教科書課長、中学校社会科教科書出版社経営者と面談。「近現代史の記述をもっとバランスのとれたものに」「著者構成も考えてほしい」と非公式に圧力。

2月　「つくる会」都道府県支部を設立開始。

3月　都議会で自民党議員が教科書採択で「教育委員の権限が空洞化」などと質問。

6月　『産経新聞』「小学校社会科教科書の通信簿」を連載。／「つくる会」などの採択制度改悪をめざす地方議会・教委への請願・陳情・意見書攻勢開始。

9月　都議会で民主党議員が教科書採択について質問。石原慎太郎都知事は教育委員会の権限を強化すると答弁。中島教育長は、選定委員会における教職員組合推薦を見直すと答弁。／都議会で、自民党議員が『産経新聞』の「小学校社会科教科書の通信簿」を使って質問。石原都知事は「小学校社会科の記述を自虐史観を感じる」と答弁。／「つくる会」第二回総会。

10月　『産経新聞』「中学校社会科教科書の通信簿」を連載。／「つくる会」全国四十八都道府県支部（東京は二つ）組織完成。／西尾幹二『国民の歴史』発刊。記念講演、組織買いなど始まる。

11月　『国民の歴史』のばらまきが始まる。／東京書籍・教育出版の二社、自主訂正で中学歴史教科書から従軍慰安婦の「従軍」を削除。

12月 自民党「若手議員の会」、中曾根弘文文相に教科書採択における教員組合の関与を排除するよう申し入れ。／「つくる会」会員が一万人を突破と発表。／内閣官邸筋から、複数社の中学校社会科教科書出版社社長に電話。「中学教科書の「従軍慰安婦」記述を「慎重に扱うように」(削除せよ) と要請 (事実上の命令)。

［二〇〇〇年］

2月 某社、教科書の著者を個別訪問し、「従軍慰安婦」削除と、南京大虐殺の脚注 (被害人数などを記してあった) 削除の方針を伝える。

3月～ 「つくる会」全都道府県に理事・幹部を派遣し、講演会・議員勉強会・要人面談・懇談会などを開催。

3月 自民党政令指定都市議員連盟、「わが国の歴史に対する愛情を深め」る歴史教科書として「新たな小中学校歴史・公民教科書検定にあたっての要望書」を中曾根文相と森山真弓自民党教育改革推進本部長に提出。／石原都知事、都議会で「教科書は非常に偏っている。採択手続きに問題がある」と答弁。／教科書を良くする千葉県議員連盟発足。

4月 教科書改善連絡協議会 (改善協) 発足。／中学校新教科書検定申請。事実上の「つくる会」教科書である扶桑社の『中学歴史』『中学公民』も検定申請 (発行は産経新聞社)。／西尾幹二「つくる会」会長、テレビ東京でつくる会教科書の白表紙本を公開。／扶桑社、『歴史への招待』というパンフレットを作成し、私立中学を中心に宣伝・配付を開始。／怪文書『中学校歴史教科書を点検する・東京書籍編』配付開始。

5月 「つくる会」会報『史』五月増刊号に「これが『新しい教科書』だ」を発行。／「つくる会」『国民の油断 (文庫版)』を教育委員会に無料送付。

6月 怪文書『中学校歴史教科書を点検する・大阪書籍編』配付開始。／怪文書『中学校歴史教科書を点検する・教育出版編』配付開始。／

怪文書『中学校歴史教科書を点検する・日本書籍編』配付開始。／滋賀県議会に「教科書を考える議員連盟」発足。

7月　共同通信、検定中の七社の申請本（白表紙本）中、「慰安婦」記述が七社から三社へ減少などと配信。『産経新聞』と地方紙が報道。／北海道議会に教科書を良くする北海道議員連盟発足。／「つくる会」第三回総会。慰安婦記述減少は運動の成果と報告。／『毎日新聞』『朝日新聞』がつくる会の公民教科書申請本（白表紙本）の「核廃絶は絶対の正義か」を疑問視する報道。／「つくる会」は検定中の申請本を報道したことで、文部省に要請。『朝日』『毎日』両社に抗議し、担当記者の処分を要求。産経は自社も白表紙本の内容を報道していることにほおかむりして、社説および石川水穂編集兼論説委員（教科書チームチーフ）の署名記事で批判。

8月　自民党政令指定都市議員連盟総会。「教科書正常化で、公民・歴史教科書に適切な対応を求める」意見書を各市議会で採択することを確認。／参議院予算委員会で、自民党保坂三蔵議員が「歴史教科書の自虐的内容は目に余る」と質問。森首相は「教育基本法の一部見直しも大事」と答弁。小山孝雄議員が教科書採択問題で質問。中川官房長官・大島文相はともに、教育委員の権限強化と学校票排除の一九九〇年「文部省通達」の「基本はいっさい変わっていない」と答弁。／「つくる会」の歴史教科書について、共同通信電をもとに「教育勅語を全文掲載」「植民地の記述なし」などと『東京新聞』・地方紙が報道。

10月　野田英二郎教科用図書検定審議会委員が「つくる会」教科書を問題視する資料・書簡を他の委員に配ったとして、『産経新聞』が激しい反野田キャンペーン。自民党の圧力もあり、結局野田氏は教科書の価格を決める委員に配置がえ。

あとがき

家永教科書訴訟杉本判決の時、私は中学三年生であった。ちょうど夏休みの社会科の自由研究のテーマに窮していた私は、入手できる限りの各社の新聞・雑誌記事を集め、そのスクラップ・ブックに簡単な文章を添えて提出した。この作品は職員室でひとしきり話題になったらしく、しばらくして日頃から「組合活動家」などとあだ名されていた理科の教師に、「ポンッ」と背中を叩かれて「あんたはえらいっ！」などと妙な激励を受けた覚えがある。それが私の教科書問題との最初の出会いであったようにも思える。

本書でめざしたことは二つある。一つは「つくる会」の白表紙本に謳歌されている偏狭なナショナリズムが、近代・戦後の日本教育史上どのような意味を持ってきたかを歴史的経験にてらして学ぶこと。もう一つは、私がここ数年関わってきた香港をはじめとする華僑・華人社会の人々をはじめとするアジアの人々から見て、この「つくる会」教科書はどのように映るかを明らかにすることである。

「戦争に善悪はつけがたい」「歴史は科学ではない」と豪語する「つくる会」の人々であれば、歴史の教訓からは何も学ばないのかもしれないが、私たちは謙虚に過去の歴史から多くのことを学びたいと思う。本書を通じて、ナショナリズムを弄ぶ人々のいかがわしさを「堪能」していただければ、それで本書の役割はなかば達成されたといえる。

なお、本書第2章に収録した海外紙の収集・訳出にあたっては、ひとりひとりお名前を挙げないが、数多くの方々の献身的協力があった。また、社会評論社の新孝一氏の叱咤激励がなかったら、このような絶好のタイミングでの本書の完成はなかった。あわせて感謝もうしあげる。

二〇〇一年二月二十七日

和仁廉夫

和仁廉夫（わに・ゆきお）

ジャーナリスト。1956年、東京都に生まれる。神奈川県立高校、予備校の教壇生活（日本史）を経て、現在にいたる。香港軍政史研究を端緒に、香港、澳門、台湾、日本の華僑・華人社会と交わり、日本との関係史や現状分析を手がける。著書に『旅行ガイドにないアジアを歩く・香港』（編著・梨の木舎）、『香港「返還」狂騒曲』（共編・社会評論社）、『教室から「自由主義史観」を批判する』（共著・かもがわ出版）、『写真図説・日本の侵略』（共著・大月書店）、『論争よ起これ！ 日の丸君が代』（太郎次郎社）、『香港軍票と戦後補償』（共編・明石書店）などがある。

歴史教科書とナショナリズム——歪曲の系譜

2001年3月15日　初版第1刷発行

著　者——和仁廉夫
発行人——松田健二
発行所——株式会社社会評論社
東京都文京区本郷2-3-10　電話 03(3814)3861　FAX 03(3818)2808
http://www.netlaputa.ne.jp/~shahyo
印　刷——一ツ橋電植＋Ｐ＆Ｐサービス
製　本——東和製本

ISBN4-7845-0770-1　Printed in Japan